Jesus und Buddha

Jesus und Buddha

Worte, die unser Herz erleuchten

Parallele Aussagen der zwei großen
Weisheitslehrer der Menschheit

Mit einem Vorwort von
Jack Kornfield

Kösel

Herausgeber: Marcus Borg
Mitherausgeber: Ray Riegert

Übersetzung: Jörg Wichmann, Bergisch-Gladbach

ISBN 3-466-36529-5

© 1997 by Ulysses Press, Berkeley/USA
Die Originalausgabe: Jesus and Buddha. The Parallel
Sayings. Ed. by Marcus Borg/Ray Riegert
Für die deutsche Ausgabe: © 1999 by Kösel-Verlag
GmbH & Co, München
Printed in Germany. Alle Rechte vorbehalten
Druck und Bindung: Kösel, Kempten
Umschlag: Elisabeth Petersen, München
Umschlagmotiv: Mauritius-Nonstock

1 2 3 4 5 · 03 02 01 00 99

Gedruckt auf umweltfreundlich hergestelltem Werk-
druckpapier (säurefrei und chlorfrei gebleicht)

INHALT

EINFÜHRUNG

7

VORWORT DES HERAUSGEBERS

11

DIE PARALLELEN AUSSAGEN

30

MITGEFÜHL

42

WEISHEIT

62

REICHTUM UND BESITZ

84

INNERE UNABHÄNGIGKEIT

102

VERSUCHUNGEN

122

ERLÖSUNG
140

ZUKUNFT
163

WUNDER
176

JÜNGERSCHAFT
200

MENSCHLICH UND GÖTTLICH
222

LEBENSGESCHICHTEN
242

LITERATURHINWEISE
264

EINFÜHRUNG

Jack Kornfield

Sie halten ein bemerkenswertes und schönes Buch in der Hand. In der heutigen Zeit können wir die Lehren aller großen Weltreligionen kennen lernen, die Weisheit aller Zeitalter. Jesus und Buddha, zwei der größten Heiligen, die je auf der Erde wandelten, inspirierten Milliarden Menschen und treffen sich jetzt im Westen zu einer geistigen Begegnung. Wenn wir ihren Worten gut zuhören, dann erkennen wir, dass sie eines Geistes sind.

Die brüderliche Nähe dieser heiligen Ärzte und Heiler der Menschheitssorgen wurde mir vor langer Zeit in einem fernen Land vor Augen geführt: Als ich den Buddhismus studierte, durfte ich ein Kloster im vietnamesischen Mekong-Delta besuchen. Es war von einem Meister des Friedens, der als der »Kokosnuss-Mönch« bekannt war, auf einer Insel errichtet worden und hatte sich im Laufe der Kriegsjahre mit Mönchen gefüllt. Unser Schiff fuhr mitten durch die Kampfhandlungen und gelangte an das Dock, wo buddhistische Mönche uns empfingen. Als sie uns herumführten, erläuterten sie uns die Lehren der Gewaltlosigkeit und der Vergebung, auf welchen ihr Leben gründet. Wir aßen dann zusammen.

Dann brachten sie uns an das Ende der Insel, wo oben auf einem Hügel eine gewaltige fünfzehn Meter hohe Buddha-Statue stand. Neben dem Buddha stand eine ebenso große Statue Jesu. Sie hatten einander die Arme um die Schultern gelegt und lächelten. Während die Kampfhubschrauber kreisten und der Krieg um uns tobte, standen Buddha und Jesus dort wie Brüder und drückten Mitgefühl und Heilung für alle aus, die ihrem Weg folgen wollen.

Das in diesen Statuen symbolisierte Band der Liebe ruht auf einer von beiden geteilten universellen Weisheit. Beide lehren sie das Gesetz des Herzens, den ewigen Geschmack der Tugend, den Pfad der Großmut, die Macht des Vertrauens, der Gelassenheit und des Mitgefühls. Beide inspirierten sie ihre Jünger, sich vom Materialismus der Welt abzuwenden und ein Leben des Geistes zu führen, um die zeitlose Wahrheit zu erkennen und zur Unsterblichkeit zu erwachen. »Es gibt eine Wahrheit, nicht viele«, sagen die buddhistischen Texte. Sie steht allen offen. »Sieh und erkenne es selbst«, sagt der Buddha. In die gleiche Offenheit verwies uns Jesus, wenn er sagte: »Das Reich Gottes ist in euch.«

Zweifellos handelt es sich hierbei um eine universelle Weisheit. Wenn heilige Frauen und Männer - geachtete Älteste, christliche Nonnen und Mönche und buddhistische Meister - sich in den letzten Jahren trafen, dann haben sie einander erkannt wie Mitglieder einer Familie, als Menschen, die das gleiche Leben der Reinheit und der heiligen Entsagung führen. Das Zusammentreffen von Thomas Merton und dem Dalai Lama soll von einer tiefen Verbundenheit und köstlichem Lachen erfüllt gewesen sein. Es gibt eine Geschichte von einem alten Zen-Meister, der einen bekannten christlichen Abt auf einem Flughafen in den USA traf. Es handelte sich um ein zufälliges Zusammentreffen, und es war kein Übersetzer anwesend. Sie saßen eine

Stunde lang beieinander, hielten ihre Hände und strahlten sich an.

Nicht auf die theologischen oder akademischen Unterschiede zwischen Buddhismus und Christentum kommt es an, sondern darauf, dass sie uns beide direkt ansprechende Lehren, Anweisungen und Praktiken anbieten, wie wir unser Leben führen und unser Herz befreien können. Auch heute noch rufen uns Jesus und Buddha zu: »Folge mir nach!« – Wagen wir es?

Könnten wir auch nur einen Vers dieser Lehren lesen, zu Herzen nehmen und ausführen, so hätte dies die Kraft, unser Herz zu erleuchten, uns von Verwirrung zu befreien und unser Leben zu verwandeln.

Lesen Sie die Abschnitte in diesem Buch langsam, und schmecken Sie ihren Inhalt! Nehmen Sie diese als Medizin, als Vademecum gegen den Zweifel, als Dichtung für die Seele, als Chance, Klarheit für den Geist zu erhalten, als Worte, die ins Herz eindringen, die uns den Weg zeigen und uns Segen bringen.

Möge es so sein.

Vorwort
des Herausgebers

Marcus Borg

In beruflicher Hinsicht bin ich ein »Profi«, was Studien über Jesus betrifft. In meinem Verständnis und meiner Wertschätzung des Buddha jedoch bin ich ein »Amateur«. Ich verfüge bezüglich des Buddha nicht über die gleichen akademischen Kenntnisse wie bezüglich Jesus.

Als Christ wuchs ich mit Jesus auf und habe immer schon mit ihm gelebt. Mit Buddha war das nicht so. Als Erwachsener wurde ich zu einem toleranten Christen. Es wurde mir klar, dass »das Heilige« allen großen religiösen Überlieferungen bekannt ist; und ich glaube nicht, dass das Christentum die einzige angemessene Religion ist. Dennoch ist es meine »Heimat«.

Insofern arbeitete ich an diesem Buch unter der Perspektive eines christlichen Theologen und als ein engagierter, aber toleranter

Christ. Buddhisten mögen viele Dinge anders sehen und gewiss auch viele Christen. Aber meine Erfahrung hat mich zu dem Schluss geführt, dass Jesus und Buddha die bemerkenswertesten religiösen Gestalten sind, die je lebten.

Darüber hinaus bestehen zwischen beiden verblüffende Ähnlichkeiten. Ich sage manchmal, dass Buddha und Jesus, würden sie sich treffen, nicht versuchen würden, sich gegenseitig zu bekehren - nicht weil sie solche Mühe für aussichtslos hielten, sondern weil sie einander in der Tiefe erkennen würden.

Die Parallelen zwischen beiden sind beeindruckend. Erstens finden wir viele davon in ihren Lehren zur Ethik, wie dieser Band ausführlich zeigt. Die Übereinstimmungen erstrecken sich dabei sowohl auf einzelne Lehren (zum Beispiel die Feindesliebe) als auch auf allgemeine Prinzipien (das Gebot des Mitgefühls).

Zweitens hatten sowohl Jesus als auch Buddha im Alter von etwa dreißig Jahren Erlebnisse, die ihr Leben verwandelten. Nach einer sechsjährigen spirituellen Suche erfuhr der

Buddha seine Erleuchtung unter dem Bo-Baum. Jesus wurde während seiner spirituellen Suche in die Wildnis geführt und dann zu seinem geistigen Mentor, Johannes dem Täufer, mit dem Höhepunkt in seiner Vision bei der Jordantaufe. Sowohl Jesus als auch Buddha begannen kurz danach ihre öffentliche Tätigkeit.

Drittens begannen beide Erneuerungsbewegungen innerhalb ihrer ererbten religiösen Überlieferungen, dem Hinduismus und dem Judentum. Keiner von beiden sah sich als Begründer einer neuen Religion.

Viertens bestehen Parallelen in den religiösen Traditionen, die um beide entstanden. Beide Lehrer wurden als übermenschlich wahrgenommen, wenn auch an ihrer Menschlichkeit weiterhin festgehalten wurde. Beiden erkannte man einen erhabenen, ja göttlichen Status zu.

Den westlichen Leserinnen und Lesern dieses Buches ist hinlänglich bekannt, wie es mit Jesus weiterging. Seit den ersten Jahrzehnten nach seinem Tode und gipfelnd im Glaubensbekenntnis von Nicäa im vierten Jahrhundert sprach die christliche Bewegung von ihm als der Inkarnation Gottes: das Fleisch gewordene Wort und die Weisheit Gottes, der einzige Sohn Gottes, empfangen von der Jungfrau Maria, und schließlich der »wahre Gott vom wahren Gott«.

Weniger bekannt ist bei uns, wie es mit Buddha weiterging. Es kamen Geschichten seiner übernatürlichen Empfängnis auf und sogar eine Vorstellung, die der christlichen Idee der Inkarnation sehr ähnlich ist. Gautama - der »historische« Buddha - sei die irdische Manifestation des himmlischen oder kosmischen Buddha. Manchmal wird er in der buddhistischen Literatur sogar als »Gott der Götter« bezeichnet.

Jesus und Buddha als Individuen hätten sich in solch erhabener Sprechweise sicher nicht wiedererkannt. Ja, sie lehnten sogar gemäßigtere Formen ab. Die Evangelien enthalten eine Geschichte, in der Jesus sich nicht einmal als »gut« bezeichnen lassen will. Und eine buddhistische Erzählung berichtet, dass der Buddha auf gleiche Weise eine zu hohe Einschätzung seiner Person abgelehnt habe.

Dennoch sehe ich in der Entwicklung einer solchen Sprechweise keinen Fehler im frühen Buddhismus und Christentum. Die Erhabenheit Jesu und Buddhas spiegelt den gewaltigen Einfluss, den diese beiden Gestalten auf ihre Nachfolger hatten - während ihrer Lebzeit und auch danach.

Obwohl sich noch weitere Parallelen aufzeigen ließen, möchte ich nur noch eine erwähnen - für mich die erstaunlichste. Jesus und Buddha waren *Weisheitslehrer.* Weisheit ist mehr als Ethik, obwohl sie auch ethische Lehren umfasst. Das »Mehr« liegt in einer grundlegenden Art des Sehens und des Seins. Weisheit dreht sich nicht nur um moralisches Verhalten, sondern um die »Mitte«, um den Ort, von welchem moralische Wahrnehmung und moralisches Verhalten ausgehen.

Jesus und Buddha lehrten eine Weisheit, die die Welt umwälzt und konventionelle Ansichten und Daseinsweisen ihrer Zeit und jeder Zeit unterläuft und in Frage stellt. Ihre subversive Weisheit war auch eine alternative Weisheit: Sie lehrten einen Weg der Transformation.

Beide waren sie also Lehrer des schmalen Weges. Die Metapher des »Weges« oder »Pfades« ist in beiden Lehren zentral. Der Weg des Buddha verkörpert sich in den vier edlen Wahrheiten des Buddhismus, von welchen die vierte der »achtfache Pfad« ist. Und Jesus sprach regelmäßig von »dem Weg«. Darüber hinaus war laut Apostelgeschichte der früheste Name der Jesusbewegung »der Weg«. Insofern entwickelt das Johannesevangelium dieses Bild nur einen Schritt weiter, indem es Jesus als die Inkarnation des »Weges« bezeichnet.

Bemerkenswert ähnlich ist auch, was Jesus und Buddha über »den Weg« zu sagen haben. Ich erwähne hier nur drei Hauptaspekte der Übereinstimmung:

Erstens geht es in beiden Fällen um eine neue Sichtweise. Aussprüche über das Sehen und das Licht sind in den Lehren Jesu wesentlich. Außerdem dienten die Formen seiner Lehrreden - seine Aphorismen und Gleichnisse - meistens dazu, zu einer neuen Sichtweise einzuladen.

Gleiches gilt für den Buddha. Die für ihn häufigste Bezeichnung als »der Erleuchtete« weist darauf hin, wie wesentlich eine neue Sichtweise ist. Erleuchtung bedeutet eben, anders zu sehen. Sowohl Jesus als auch Buddha versuchten, bei ihren Zuhörern eine radikale Verschiebung der Wahrnehmung hervorzurufen - eine neue Sicht des Lebens. Die vertraute Wendung einer christlichen Hymne bringt das gut zum Ausdruck: »Einst war ich blind, nun sehe ich.«

Zweitens umfassen beide Pfade oder Wege einen ähnlichen seelischen oder geistigen Wandlungsprozess. Der Weg des Buddha besteht in der Umorientierung unseres Lebens vom »Anhaften« (der Ursache des Leidens) zum »Loslassen« dieses Anhaftens (dem Pfad der Befreiung vom Leiden). Der Buddha forderte seine Jünger auf zu sehen, dass es im Leben nicht um das Festhalten, sondern um das Loslassen geht und darum, sich aufzumachen und diesen Pfad zu gehen.

Obwohl Jesus nicht wie der Buddha eine systematische Reihe von »edlen Wahrheiten« verkündete, deuten die Bilder, die seine ganze Lehre durchziehen, auf den gleichen Pfad hin. Wer sich entäußert, wird erhöht werden, und wer sich erhöht, wird erniedrigt werden; die Letzten werden die Ersten sein, und die Ersten die Letzten. Wie ein Kind zu werden, bedeutet die weltliche Wichtigkeit aufzugeben. Der Pfad der Jüngerschaft umfasst auch »das Kreuz auf sich zu nehmen«, verstanden als ein Symbol für einen inneren Sterbeprozess gegenüber einer alten Seinsweise und für den Eintritt in eine neue.

Darin bestand auch die Erfahrung des Paulus, des Ersten der christlichen Autoren: »In Christus bin ich gekreuzigt. Nicht mehr ich lebe, sondern Christus lebt in mir.« Im frühesten uns zugänglichen Stadium des Christentums gehörte das Sterben der alten Seinsweise zum Mittelpunkt der Bewegung.

Das buddhistische »Loslassen« und das christliche »Sterben« meinen gleichartige Prozesse. Sterben ist ein äußerstes Loslassen - ein Loslassen der Welt und des eigenen Selbst. Die Welt als Zentrum der eigenen Identität und Sicherheit und das Selbst als Zentrum der eigenen Vorlieben schwinden dahin. Dieses »Loslassen« ist eine Befreiung von einem alten Seinszustand und eine Auferstehung zu einer neuen Daseinsweise. Es gibt daher auch eine buddhistische Erfahrung der »Wiedergeburt«; ebenso wie eine christliche »Befreiung durch Erleuchtung«.

Und drittens ist die ethische Frucht dieser inneren Wandlung bei beiden die gleiche: Der Buddha wird oft als »der Mitfühlende« bezeichnet, und die wesentliche Eigenschaft eines *Bodhisattva* (vereinfacht: eines buddhistischen Heiligen) ist das Mitgefühl.

Gleiches gilt für Jesus. Als er mit einem Wort auf den Punkt bringen sollte, was das Leben in seiner Nachfolge bedeute, nannte er es Mitgefühl: »Seid mitfühlend, wie euer Vater im Himmel mitfühlend ist.« Das Wort des Paulus für Mitgefühl ist Liebe, und er benannte die Liebe als erste Frucht des Geistes und als die größte aller geistigen Gaben. Ja, man könnte sogar sagen, es sei das Ziel eines voll entfalteten christlichen Lebens, ein Bodhisattva zu werden. Wie Paulus sagt: »Wir werden gewandelt von einer Herrlichkeit zur nächsten in die Ebenbildlichkeit Christi.«

Trotz der Unterschiede in der Sprache und der Metaphorik, lässt sich sagen, dass der von Jesus gelehrte Weg demjenigen, den Buddha lehrte, sehr ähnlich ist. In ihrer Weisheitslehre sehe ich keine wesentlichen Unterschiede. Bevor ich über diese bemerkenswerte Ähnlichkeit weiter nachdenke, möchte ich aber einen Hauptunterschied zwischen Jesus und Buddha erwähnen.

Es gibt bei Jesus eine soziale und politische Leidenschaft, die wir beim Buddha nicht finden. In der Sicht vieler Theologen war Jesus nicht nur ein Weisheitslehrer und Heiler, sondern auch ein sozialer Prophet. Er forderte das zu seiner Zeit herrschende System und die führenden Eliten heraus und entwarf eine alternative soziale Vision.

Jesu Aktivität als sozialer Prophet, als Stimme des sozialen Protestes, ist der wahrscheinlichste Grund dafür, dass seine öffentliche Tätigkeit im Vergleich zu Buddhas so kurz war. Sie währte nur ein Jahr (nach den ersten drei Evangelien) oder drei bis vier Jahre (nach dem Johannesevangelium) im Gegensatz zu den fast fünfzig Jahren der Lehrtätigkeit des Buddha. Vermutlich fand Jesus gerade wegen seiner sozial-politischen Leidenschaft seinen

frühen Tod. Wäre er einfach ein Weisheitslehrer und Heiler geblieben, so bezweifle ich, dass
man ihn hingerichtet hätte.

Dieser Unterschied zwischen Jesus und
Buddha mag auch aus ihrer unterschiedlichen
Klassenzugehörigkeit rühren. Der Buddha war
in die reiche Herrscherklasse hinein geboren
worden, Jesus in eine unterdrückte Bau-
ernschicht. Wie John Dominic Crossan (meiner
Ansicht nach einer der führenden Jesus-Forscher)
in einem Gespräch bemerkte, entsteht die Leidenschaft für Gerechtigkeit aus der Erfahrung
der Ungerechtigkeit. Eine zweite mögliche Erklärung: Jesus stand in der Tradition des Mose
und der klassischen Propheten Israels, die alle-
samt von Gott überwältigte Stimmen des religi-
ös motivierten sozialen Protestes waren.

Um zur Ähnlichkeit zwischen Jesus und
Buddha zurückzukehren, die hauptsächlich in
ihrer Weisheitslehre liegt: Wie ist das zu erklä-
ren? - Die Ähnlichkeiten sind so frappierend,
dass manche Theologen einen direkten Kontakt oder kulturelle Anleihen als Erklärung
vorgeschlagen haben. Weil der Buddha fünfhundert Jahre vor Jesus gelebt hat, würde die

Richtung der Anleihe vom Buddha zu Jesus verlaufen.

Andere Historiker haben darauf hingewiesen, dass in Alexandria, an der ägyptischen Mittelmeerküste, im ersten Jahrhundert buddhistische Lehrer gelebt hätten. Es wurde angenommen, Jesus hätte dorthin reisen können, oder buddhistische Lehren hätten die Städte des jüdischen Stammlandes erreichen können, darunter Sepphoris, eine große Stadt in Galiläa, nur vier Meilen von Nazareth entfernt.

Auch sind Spekulationen populär geworden, Jesus habe während jener »fehlenden Jahre« Indien bereist, also in den Jahrzehnten, bevor er die Bühne der Geschichte betrat. Dort, so nimmt man an, sei er mit buddhistischen Lehren in Kontakt gekommen.

Diese Erklärungen sind jedoch unwahrscheinlich und auch unnötig. Denn die Ähnlichkeiten sind nicht von der Art, dass sie kulturelle Anlehnungen nahe legen. Es ist nicht die Ebene bestimmter Bilder oder Sprachformen betroffen. Die Ähnlichkeiten sind vielmehr struktureller Natur.

In seinem medizinischen Modell der menschlichen Verfasstheit und der religiösen Lösung, das William James zu Beginn des Jahrhunderts in seinem Klassiker *Die Vielfalt der religiösen Erfahrung* beschreibt, macht er diese zugrunde liegenden gemeinsamen Strukturen sichtbar. Jesus und Buddha stellten eine gleichartige Diagnose der typischen menschlichen Natur: Blindheit, Angst, Festhalten, Selbstbezogenheit. In beiden Fällen werden auch die Voraussetzungen für unsere Heilung ähnlich umschrieben: »Sehen«, »Loslassen«, »Sterben«.

Die für mich befriedigendste Erklärung der Ähnlichkeit der zugrunde liegenden Struktur liegt also nicht in kulturellen Anleihen, sondern in der Gemeinsamkeit religiöser Erfahrung. Sowohl Jesus als auch Buddha machten Erfahrungen des »Heiligen«, die ihr Leben verwandelten. Hier begegnen wir Schicksalsrätseln.

Buddhistische wie christliche Theologen der Vergangenheit haben gesagt, der Buddha habe die Vorstellung von einem »Gott« abgelehnt, wogegen die Gottes-Erfahrung für Jesus überragende Bedeutung gehabt habe. Jüngste

Studien legen aber nahe, dass Buddha nur die Vorstellung eines personalen Gottes ablehnte, eines übernatürlichen, vom Universum getrennten Wesens.

Wir kennen aber eine andere Gottesvorstellung, nämlich die des Heiligen als »Gottheit«, als die ungeborene, unerschaffene, undifferenzierte Quelle alles Seienden, »genau hier« gegenwärtig, aber auch »mehr als hier«. In diesem Sinne kann man von »dem Heiligen« auch als zentralem Anliegen Buddhas sprechen.

Gleiches gilt für die jüdische und christliche Mystik: Mystiker beider Überlieferungen haben häufig die Vorstellung von Gott als einem übernatürlichen Wesen abgelehnt und von Gott letztlich als »Gottheit« gesprochen. Um einen Ausdruck von Paul Tillich zu borgen, ist Gott (als Gottheit) »der GOTT jenseits von Gott«, die heilige Wirklichkeit jenseits aller personalisierenden Gotteskonzepte.

»Gottheit« oder »GOTT jenseits von Gott« - das ist es, was ich mit »dem Heiligen« meine. Erfahrungen des Heiligen umfassen ein Erkennen, nicht nur ein ekstatisches Gefühl.

Durch derartige Erfahrungen sieht man anders, und man erkennt etwas, das man zuvor so nicht gewusst hat. Man erkennt dabei, *wie die Dinge wirklich sind*. Und im Vergleich dazu erscheint unsere normale Art, zu sehen und zu wissen, wie Blindheit.

Ich glaube, dass sowohl Jesus als auch Buddha prägende Erleuchtungserfahrungen dieser Art gemacht haben. Aus dieser neuen Art zu sehen floss ihre Weisheitslehre des Weges: eine Wahrnehmung des Weges, den wir gewöhnlich gehen, eine Wahrnehmung einer alternativen Daseinsweise, und ein Pfad / ein Prozess, der von dem einen Zustand zum anderen führt. Die Ähnlichkeit ihrer Weisheitslehren ergibt sich aus der Ähnlichkeit ihrer religiösen Erfahrungen, nicht aus kultureller Entlehnung.

Die verblüffenden Ähnlichkeiten zwischen Buddha und Jesus bedeuten nicht, dass der Buddhismus und das Christentum identisch sind - oder auch nur annähernd identisch. Ich nehme in dieser Hinsicht eine gängige zeitgenössische Definition von Religionen als »kulturell-linguistischen Traditionen« als richtig an. Jede Religion wird nicht nur grundlegend durch die Kultur geprägt, in welcher sie auftritt, sondern wird auch selbst zu einer Kultur mit einer eigenen Sprache (einschließlich Mythen, Bildern, Geschichten, und Ritualen, in denen diese sich darstellen). Buddhismus und Christentum sind insofern so unterschiedlich wie die kulturell-linguistischen Traditionen, in welche sie eingebettet sind.

Anders jedoch als manche Vertreter dieses kulturell-linguistischen Verständnisses von Religion sehe ich eine starke Verbindung zwischen diesen Traditionen und der religiösen Erfahrung. Ich betrachte jede Religion sowohl als eine Antwort auf die Erfahrung des Heiligen wie auch als Vermittler derselben. So unterschiedlich also Buddhismus und Christentum sein mögen, sehe ich doch ihrer beider Ursprung in der Erfahrung des Heiligen, besonders in derjenigen der »Gründer«, Jesus und Buddha. Die Ähnlichkeit ihrer Weisheitslehren deutet auf die Ähnlichkeit der Erfahrungen hin.

Nun sollen aber die in diesem Band gesammelten parallelen Aussagen kein akademisches Plädoyer für die Ähnlichkeit abgeben. Dazu müssten wir noch viel mehr Beispiele anführen und auch darlegen, inwiefern und in welchem Maße die Unähnlichkeiten gegenüber den Ähnlichkeiten ins Gewicht fallen.

Der Zweck dieser Sammlung liegt vielmehr darin, Gelegenheit zum Nachsinnen und zur Meditation zu bieten. Die Lesenden werden sich bezüglich jeder einzelnen Parallele eine Menge Fragen stellen. Inwiefern sind sie ähnlich? Wie unterscheiden sie sich? Und manchmal wird man die Erfahrung machen, dass durch die Parallelen eine vertraute Stelle als ganz neu erscheint. Die Aussprüche können sich gegenseitig erhellen.

Die Parallelen können noch eine andere Funktion haben. Als Christ glaubte ich eine Zeitlang, das Christentum sei der einzige Weg – die einzige wahre Religion. Diese Überzeugung war Teil des übernommenen Glaubens meiner Kindheit. Dann aber brach dieser Glaube zusammen, und alle Religionen sahen für mich wie menschliche Erfindungen aus. Das Verschwinden meines Glaubens an die Einzigartigkeit des Christentums wurde begleitet von einer Skepsis gegenüber den Religionen im Allgemeinen.

In den letzten Jahren hat meine Wertschätzung des religiösen Pluralismus - meine Vertrautheit mit einer Anzahl der Weltreligionen sowie Studien über religiöse Erfahrung in verschiedenen Kulturen - diesen Skeptizismus umgekehrt. Die Parallelen unter den Religionen (besonders auf der Ebene der Erfahrung und der Lehre über »den Weg«, weniger auf der Ebene des Dogmas) legen nahe, dass es in ihnen etwas gibt, was ernst genommen werden sollte.

Kurz gesagt: Die Betrachtung der Übereinstimmungen zwischen den Weisheitslehren Jesu und Buddhas verstärkt die Glaubwürdigkeit beider. Die Annahme eines religiösen Pluralismus braucht nicht zu einem allgemeinen Skeptizismus zu führen, sondern kann uns gute Gründe liefern zu sagen: »Hier gibt es etwas, das ich nicht ignorieren darf.«

So lade ich Sie also ein, über die Parallelen zwischen diesen beiden erleuchteten Lehrern einer Erleuchtungs-Weisheit nachzudenken. Der Weg, von dem sie beide sprechen, ist ein Pfad der Befreiung von unserem ängstlichen Verhaftetsein, ein Pfad der Auferstehung zu einer neuen Seinsweise und der Transformation hin zu einem Leben des Mitgefühls.

Die parallelen Aussagen

»Gehe so mit anderen um, wie du von ihnen behandelt werden möchtest.«

»Sieh andere an wie dich selbst.«

Diese Ideen - ausgesprochen von zwei Lehrern, die durch fünfhundert Jahre, fünftausend Kilometer und zwei sehr unterschiedliche Kulturen voneinander getrennt sind - gleichen sich.

»Gib jedem, der danach fragt.«

»Gib, wenn du gebeten wirst.«

Immer wieder entdecken wir im Neuen Testament und in den alten buddhistischen Schriften, dass sich Leben, Taten und Lehren Jesu und Buddhas überraschend ähneln.

Die Entsprechungen in ihren Lebensgeschichten beginnen schon vor ihrer Geburt.

Im Lukasevangelium tritt der Engel Gabriel als Bote Gottes auf und verkündet, dass Maria ein Kind tragen wird, »das man den Sohn des Höchsten nennen wird.« Bei Buddhas Geburt sind, gemäß dem *Dighanikaya* aus dem zweiten Jahrhundert v.Chr., Devas zugegen, die der Königin Maya sagen: »Freue dich, dir ist ein mächtiger Sohn geboren worden.«

Trotz zweier so gegensätzlicher Kulturen wie der Orient und der Okzident, werden die Parallelen der Geburten, je tiefer wir in die überlieferten Biografien von Jesus und Buddha eintauchen, nicht etwa zufälliger, sondern zunehmend spezifisch. Beide werden geboren, während sich die Mutter auf einer Reise befindet; und beide Geburten finden nicht in einem Haus statt. Göttliche Boten sind in beiden Fällen anwesend; sie tun auch Ähnliches, singen Lob und verkünden, dass ein großes Ereignis stattgefunden hat; sie benennen die Eltern und prophezeien dem Kind eine glorreiche Zukunft.

Die Übereinstimmungen zwischen diesen alten Texten sind fast unheimlich. Wie sich in dieser Sammlung übereinstimmender Aussprüche sofort zeigen wird, sind Jesu und Buddhas spätere Lehren ebenso ähnlich wie ihre frühen Biografien. Ob sie von Liebe, materiellem Reichtum, von Versuchung oder Erlösung sprechen, wir sehen zwei Meister mit *einer* Botschaft.

Es sollte deshalb nicht überraschen, dass die von ihnen entwickelten Philosophien sie dann als Erwachsene zu entsprechend ähnlichen Erfahrungen führten. Beide begannen ihre spirituelle Suche erst, als sie dreißig waren, und beide stießen bald auf Probleme mit der herrschenden Aristokratie. Buddha, ein Prinz und Thronerbe in Nordindien im fünften Jahrhundert v.Chr., brach mit den gesellschaftlichen Konventionen, indem er sich mit Dieben und Mördern gemein machte. Jesus, ein Handwerker oder Bauer im Palästina des ersten Jahrhunderts, einer entlegenen Provinz des römischen

Reiches, wurde scharf angegriffen, weil er mit Sündern und Huren aß.

Beide glaubten, dass das zählt, was *in* einem Menschen ist, und nicht seine äußere Erscheinung, und sie konkretisierten ihre Überzeugung in Taten, die die Religionen ihrer Zeit revolutionierten. Gautama half, jene brahmanischen Rituale zu reformieren, die Menschen und Tieren schadeten; Jesus griff verschiedene Tempeltraditionen zugunsten der Menschlichkeit an. Beide schufen Religionen, die die Klassenunterschiede verkleinerten und Tieropfer abschafften.

Eine überwältigende Ironie liegt darin, dass die von ihnen gestifteten Religionen zu Ausgangspunkten des größten kulturellen Schismas der Weltgeschichte wurden. »Ost ist Ost, und West ist West«, erklärte Rudyard Kipling (1865-1936), »und niemals werden die beiden sich begegnen.« Buddha stiftete eine Religion ohne Gott; Jesus war der *Sohn Gottes*. Für die Christen war der Buddhismus eine heidnische Religion; und für die Buddhisten war das Christentum eine Ansammlung falscher Hoffnungen und gefährlicher Mythen.

Tatsächlich bemerkte man erst etwa zu Kiplings Zeit, wie ähnlich Jesus und Buddha wirklich waren. Mehr als achtzehnhundert Jahre lang, von der Geburt des Christentums bis vor knapp einem Jahrhundert, blieb die spiegelhaft gleiche Natur der Bilder in den alten Texten einer jeden Religion vergraben. Dann, seit den achtziger Jahren des vorigen Jahrhunderts, mit der Ausbreitung der europäischen Herrschaft in Asien und dem wachsenden Interesse am Buddhismus, begannen Gelehrte die heiligen Bücher zu vergleichen und bemerkenswerte Muster darin zu entdecken.

Einer der ersten Erforscher der Geisteswelt, der niederländische Autor E. de Bunsen, verglich die asiatische Vorstellung eines »Messias-Engels« mit Christus. In seinem phantasiereichen Buch *Der Messias-Engel der Buddhisten, Essener und Christen* erzählt er von Juden, die aus dem Exil im Osten nach Palästina zurückkehren und mit ihren Karawanen nicht nur seltene Gewürze mit sich führen, sondern auch eine revolutionäre Idee. Der Mythos des Engels sei von den Essenern aufgegriffen worden, einer jüdischen Sekte, die im ersten Jahrhundert in der Wüste lebte und die dann diese Vorstellung auf Jesus anwandte. Jesus aber – so de Bunsen – ließ die Essener sitzen und versuchte die Tatsache zu verstecken, dass er der Messias war. Diese schon damals kaum plausible These de Bunsens wurde durch die Entdeckung der Schriftrollen vom Toten Meer, die man den Essenern zuschrieb, endgültig zu Fall gebracht. Bislang hat man etwa 870 Schriftrollen gefunden, von denen nicht eine Jesus oder einen »Messias-Engel« erwähnt.

Kurz darauf entdeckte der deutsche Autor R. Seydel starke Ähnlichkeiten zwischen den Kindheitsgeschichten im Matthäus- und Lukasevangelium und der Lalitavistara-Biografie des Buddha. Es sollte dann aber ein britischer Beamter in Indien sein, der die Parallelen vollständig aufdeckte. A. Lillie war in seinen dienstfreien Stunden fasziniert von der indischen Religion und begann, die alten Texte unter die Lupe zu nehmen. Im Jahre 1909 veröffentlichte er *Buddhism in Christianity* und *India in Primitive Christianity*. Leider bezog

Lillie sich auf buddhistische Texte so unterschiedlicher Länder wie Sri Lanka und China und sowohl auf die kanonischen wie die apokryphen Evangelien und zog nicht mit in Erwägung, wann oder wo die jeweiligen Schriften entstanden waren. Historikern fällt es schwer, Lillie, den königlichen Beamten, ernst zu nehmen, wenn er als Beweis für den buddhistischen Einfluss auf die christlichen Texte Stellen zitiert, die Jahrhunderte nach Christus geschrieben worden sind. Ein amerikanischer Gelehrter namens A. J. Edmunds, der etwa zur gleichen Zeit arbeitete, brachte die Studien dann auf ein professionelles Niveau. Im Gegensatz zu Lillie und seinen Vorgängern, die oft ihre persönliche Glaubensüberzeugung über die historische Genauigkeit stellten, arbeitete Edmunds streng und systematisch. Sein zweibändiges Werk *Buddhist and Christian Gospels* erlebte ab 1902 über dreißig Jahre zahlreiche Auflagen. Seine Schriften bilden auch heute noch eine Quelle von unschätzbarem Wert für diese parallelen Texte.

Später entwickelten andere Gelehrte Edmunds' Idee, der Buddhismus könne die vier Evangelien beeinflusst haben, weiter. Dabei nahmen viele auf die Verbindung zu den Essenern Bezug, die in den meisten der Theorien zu Schlüsselfiguren wurden. D. Goddard, der Autor des Buches *Was Jesus Influenced by Buddha?*, behauptet tatsächlich, dass Christus dem achtfachen Pfad des Buddhismus gefolgt sei und die vier edlen Wahrheiten gepredigt habe. Ein anderer Autor wiederum geht davon aus, dass die vier Evangelisten mit buddhistischen Vorstellungen vertraut waren und diese dann später beim Abfassen der Evangelien mit Jesu Worten und Taten durcheinander brachten.

Einige Wissenschaftler glauben, dass orientalisches Gedankengut die jüdischen Schriften in den Jahrhunderten vor Jesus beeinflusst hätte. Besonders aus dem babylonischen Exil zurückkehrende Juden hätten zoroastrische Ideen von Persien nach Palästina gebracht. Aber Persien (der heutige Iran) ist immer noch weit von Indien entfernt, und der Zoroastrismus ähnelt dem Buddhismus wenig.

Andere vertreten abenteuerlichere Ideen und stellen sich vor, der Buddhismus sei der

Seidenstraße entlang von Zentralasien über den Irak und Mesopotamien schließlich über Syrien bis nach Palästina gelangt. Sie weisen auch auf die Monsunwinde hin, die zu Jesu Zeiten Handelsschiffe von Indien nach Ägypten brachten. Eroberte nicht schon Alexander der Große – so argumentieren sie – im vierten Jahrhundert vor Christus Nordindien und konfrontierte die Griechen mit indischen Lebensweisen? Und wuchs nicht Jesus nur ein paar Meilen von einer großen hellenistischen Stadt entfernt in einer Griechisch sprechenden Welt auf? R. C. Amore setzte sich in seinem Buch *Two Masters, One Message* aus dem Jahre 1978 ausführlich damit auseinander.

Manche Autoren zeigen sich noch phantasievoller. Sie bezeichnen die Jugendzeit Jesu und sein frühes Mannesalter als »die verlorenen Jahre« und behaupten, das Neue Testament beschreibe diese Phase nicht, weil Jesus während dieser Zeit in Indien gereist sei und von buddhistischen Mönchen und Yogis spirituelle Unterweisungen empfangen habe. Solche Theorien halten strengen historischen Kriterien nicht stand. Keiner dieser Forscher erklärt zum Beispiel, warum der jüdische Geschichtsschreiber Josephus und die römischen Historiker Suetonius und Tacitus, die Jesus erwähnen, in ihren umfangreichen Schriften den Buddhismus nicht einmal streifen.

Für viele Menschen sind solche Fragen ohnehin uninteressant, denn für sie zählen geistige Wahrheiten und nicht geschichtliche Fakten. Wie die jüngsten Schriften über die Parallelen zeigen, besteht ihr Wert eher in den darin liegenden ewigen Lehren als in Informationen darüber, wer auf der Seidenstraße reiste. Zu diesem Zweck holten kürzlich zwei der renommiertesten Buddhisten der Welt diese Parallelen wieder hervor und betrachteten sie in religiösem Licht. Im Jahre 1995 veröffentlichte der buddhistische Autor und Mönch Thich Nhat Hanh sein Buch *Living Buddha, Living Christ*, in welchem er bekennt: »Ich sehe beide als meine geistigen Vorfahren an.« Im Jahr danach widmete sich der Dalai Lama selbst in *The Good Heart: A Buddhist Perspective on Teachings of Jesus* gründlich diesen Parallelen. Für diesen großen buddhistischen Führer lebt die Geistesverwandtschaft der beiden heute mehr als je zuvor - in einer Welt, in der die Kulturen nicht nur aus wirtschaftlicher Notwendigkeit, sondern auch aus spiritueller Einsicht zusammenrücken.

Mit Blick auf die vielen Fragen, von denen die Parallelen umgeben sind, weisen diese beiden Männer darauf hin, dass das Rätsel, das wir beantwortet haben möchten, ein Geheimnis innerhalb eines Geheimnisses ist. Das Erste - ein geschichtliches Geheimnis: Wie konnte Jesus, der fünftausend Kilometer entfernt und fünfhundert Jahre später lebte, Gleiches wie der Buddha lehren?

Wenn die Historiker keine Erklärung geben können, dann führt uns das zu einem zweiten, größeren, ewigen Geheimnis: Waren Jesus und Buddha spirituelle Meister, die von der gleichen kosmischen Quelle inspiriert waren, Avataras (hinduistisch: Herabkünfte Gottes in die Welt), die in verschiedenen Phasen der menschlichen Geschichte die gleiche Wahrheit brachten? Vielleicht war ihre Weisheit so unermesslich, dass sie gleichzeitig die Grundsteine je einer der vorherrschenden

Weltreligionen legten und die ewigen Wahrheiten verkünden konnten, auf denen beide
Religionen beruhen.

Heute verschmilzt die asiatische Kultur
mit der europäischen und nordamerikani-
schen. Die Erde ist ein Staubkorn im All. Die
Kontinente treiben auf eine Weise aufeinander
zu, die die bloßen Vorstellungen der Geologen
sprengt. Hätten wir die heiligen Texte des
Buddhismus und des Christentums nur ein
wenig sorgfältiger gelesen, dann hätte uns
schon längst klar werden können, wie ähnlich
die beiden Religionen und Kulturen sind.
Oder vielleicht hätten wir Kiplings berühmtes
Gedicht weiter lesen sollen: Auf die zitierte
Stelle »Ost ist Ost, und West ist West«, wo er
vorhersagt, dass die beiden sich nie treffen
werden, folgen Verse, die das zwanzigste Jahrhundert vergessen zu haben scheint. Der Dich-
ter stellt fest:

»Weder gibt es Ost noch West, weder
Grenze, noch Abstammung oder Geburt,

Wenn zwei starke Männer sich Angesicht
zu Angesicht gegenüber stehen, auch wenn sie
von den Enden der Welt her kommen.«

MITGEFÜHL

Die auffallendsten Parallelen zwischen Jesus und Buddha finden sich bei jenen Aussprüchen, die von der Liebe handeln. Beide Lehrer vertraten die Goldene Regel, nach der andere so zu behandeln wären, wie man selbst von ihnen behandelt werden möchte. Viele der berühmten Aussagen Jesu - die andere Wange hinhalten, die Feinde lieben, oder: dass der, welcher durch das Schwert lebt, auch durch das Schwert stirbt - werden gleichsam gespiegelt in Buddhas Worten.

Der Oxforder Theologe Burnett Hillman Streeter bemerkt: »Die moralische Lehre des Buddha weist eine bemerkenswerte Ähnlichkeit zur Bergpredigt auf.« Eine weitere Ähnlichkeit liegt darin, dass Jesu Worte in der Bergpredigt seine wichtigsten Lehren darstellen, so wie das Dhammapada, welches der Bergpredigt so verwandt ist, das zentrale Buch des Buddhismus darstellt. Der Überlieferung nach wurde es in der Pali-Sprache einer mündlichen Tradition aufgezeichnet, die auf die Jünger Buddhas zurückgeht; so wie die Bergpredigt und andere Teile der vier Evangelien den frühen Nachfolgern Jesu zugeschrieben werden.

Wie ihr wollt, dass die Leute mit euch umgehen, so sollt ihr mit ihnen umgehen.

L U K A S 6,31

Erkenne dich selbst in allem Sein.
(andere Lesung: Versetze dich in andere hinein.
oder: Sieh andere an wie dich selbst.)

D H A M M A P A D A 10.1

Wenn dich einer auf eine Wange schlägt, so halte ihm auch die andere hin.

LUKAS 6,29

Wenn dich jemand mit der Hand, Stöcken oder einem Schwert schlüge, so sollst alle gemeinen Regungen und alle gemeinen Gedanken leugnen, und kein böser Laut soll deinem Mund entfahren.

MAJJHIMANIKAYA 21. REDE, 6

Liebt eure Feinde; tut denen Gutes, die euch
hassen. Segnet die, die euch verfluchen; betet
für die, die euch misshandeln. Dem, der dir
den Mantel wegnimmt, verweigere auch das
Hemd nicht. Gib jedem, der dich bittet; und
wenn dir jemand etwas wegnimmt, so verlang
es nicht zurück.

LUKAS 6, 27-30

Der Hass in dieser Welt endet nie durch Hassen, sondern durch Nichtfeindschaft; das ist eine ewige Wahrheit. ... Überwinde den Ärger durch Liebe, überwinde das Böse durch das Gute. Überwinde den Geizhals durch Schenken; überwinde den Lügner durch die Wahrheit.

DHAMMAPADA 1.5 UND 17.3

Wahrlich ich sage euch, was ihr für einen von diesen Geringsten nicht getan habt, das habt ihr für mich nicht getan.

MATTHÄUS 25,45

Wenn ihr nicht für einander sorgt, wer sorgt
dann für euch? Wer auch immer für mich sor-
gen würde, der möge die Kranken versorgen.

VINAYA, MAHAVAGGA 8.26.3

Steck dein Schwert an seinen Platz; denn alle die zum Schwert greifen, werden durch das Schwert umkommen.

MATTHÄUS 26,52

Indem er das Verletzen lebender Wesen ver-
meidet, lebt der Asket Gautama in Zurückhal-
tung vom Töten, rührt keinen Stock und
keine Waffe an.

DIGHANIKAYA 1.1.8

Das ist mein Gebot: dass ihr einander liebt, so wie ich euch geliebt habe. Niemand hat größere Liebe, als wenn man das Leben für seine Freunde lässt.

J O H A N N E S 1 5, 1 2 - 1 3

Wie eine Mutter ihr einziges Kindes mit ihrem Leben schützen würde, so sollt ihr ein grenzenloses Herz für alle Wesen pflegen. Lasst eure Gedanken der grenzenlosen Güte die ganze Welt durchdringen.

SUTTANIPATA 149-150

Die Gnade und die Wahrheit kamen durch Jesus Christus.

JOHANNES 1,17

Der Leib des Buddha wird aus Liebe, Geduld,
Sanftmut und Wahrheit geboren.

VIMALAKIRTINIRDESHA SUTRA 2

Ich sage euch, die Engel Gottes freuen sich
über einen einzigen Sünder, der umkehrt.

LUKAS 15,10

Der Bodhisattva liebt alle Lebewesen als sei je-
des sein eigenes Kind.

Vimalakirtinirdesha Sutra 5

Du kennst die Gebote: »Du sollst nicht töten; du sollst nicht ehebrechen; du sollst nicht stehlen; du sollst nicht falsches Zeugnis geben; du sollst nicht rauben; du sollst Vater und Mutter ehren.«

MARKUS 10,19

Halte dich zurück vom Töten und nimm
nicht, was dir nicht gegeben wird. Halte dich
zurück von der Unkeuschheit und von der falschen Aussage. Nimm weder Gold noch Silber
an.

KHUDDAKAPATHA 2

WEISHEIT

Den Kern des Christentums, das großenteils die abendländische Zivilisation inspiriert, und des Buddhismus, der treibenden Kraft der östlichen Kultur, bildet die gleiche grundlegende Weisheit.

Sowohl Jesus als auch Buddha konzentrierten sich auf die Einzelperson und betonten, dass der innere Mensch viel wesentlicher sei als die äußere Erscheinung und dass ein jeder von uns sich das eigene Leben anschauen sollte, statt andere zu kritisieren. Wenn sie ihre moralische Welt beschreiben, verwenden sie die gleiche Metaphorik von Licht und Dunkelheit, Sonne und Regen, dem Fruchtbaren und dem Öden.

Zeitgenössische Gelehrte, die nach dem historischen Jesus suchen, legen immer mehr Wert auf seine Rolle als Weiser des ersten Jahrhunderts. Viele der Aphorismen, die sie zitieren, um ihn als einen Verkünder von Weisheit darzustellen, bestehen aber aus den gleichen Ratschlägen, die fünfhundert Jahre früher schon der Buddha seinen Nachfolgern gegeben hatte.

Das Himmelreich ist wie ein Senfkorn, das jemand auf seinem Acker säte. Es ist die kleinste aller Saaten, aber sobald es gewachsen ist, wird es das Größte der Gewächse und wird zu einem Baum, sodass die Vögel aus der Luft kommen und Nester in seinen Zweigen bauen.

MATTHÄUS 13, 31-32

Unterschätzt das Gute nicht und glaubt nicht,
dass es euch nicht beträfe. Tropfendes Wasser
kann einen Krug füllen – Tropfen für Tropfen.
Ein Weiser ist von Gutem erfüllt, auch wenn
es sich in ihm nur langsam sammelt.

DHAMMAPADA 9.7

Warum siehst du den Splitter im Auge deines Bruders, aber nicht den Balken in deinem? Oder wie könntest du zu deinem Nächsten sagen: »Freund, lasse mich den Splitter aus deinem Auge entfernen«, wenn du selbst den Balken in deinem eigenen nicht siehst? Ihr Heuchler! Zieht zuerst den Balken aus eurem eigenen Auge, und dann seht ihr klar genug, um den Splitter aus dem eures Nächsten zu ziehen.

LUKAS 6, 41-42

Die Fehler anderer sind leichter zu erkennen als eure eigenen. Die Fehler anderer sieht man leicht, denn sie sind gesiebt wie Spreu, während die eigenen Fehler schwer zu erkennen sind. Das ist wie bei dem Schwindler, der seine eigenen Würfel verbirgt und die seines Gegners zeigt, um die Aufmerksamkeit auf dessen Schwächen zu lenken, weil er ständig daran denkt, ihn anzuklagen.

UDANAVARGA 27.1

Sie sagten zu ihm: »Meister, diese Frau wurde auf frischer Tat beim Ehebruch ertappt. Das Gesetz des Moses weist uns an, solche zu steinigen. Was sagst du?« Er sprach zu ihnen: »Wer unter euch ohne Sünde ist, der werfe den ersten Stein.«

JOHANNES 8,4-5 U. 7

Blickt nicht auf die Fehler anderer oder darauf, was andere getan oder nicht getan haben. Beobachtet vielmehr, was ihr selbst getan oder nicht getan habt.

DHAMMAPADA 4.7

Dein Auge gibt deinem Körper Licht. Wenn dein Auge gesund ist, wird auch dein Körper hell sein. Ist es aber nicht gesund, so ist dein Körper voll Dunkelheit. Achte also darauf, dass in dir nicht Licht statt Dunkelheit ist. Wenn dein ganzer Körper voll Licht ist und nichts Dunkles in ihm, wird er so hell sein, als wenn eine Lampe dich mit ihrem Schein erleuchtete.

LUKAS 11,34-36

Wie ein Mann, der eine Lampe trägt, alles erkennt, so ist es auch mit einem, der das Gesetz
der Moral gehört hat. Er wird vollkommen
weise werden.

U D A N A V A R G A 22.4

Deshalb sage ich euch: Sorgt euch nicht um euer Leben und darum, dass ihr etwas zu essen habt, oder um euren Körper und darum, dass ihr etwas anzuziehen habt. Ist das Leben nicht wichtiger als die Nahrung und der Körper wichtiger als die Kleidung? Seht die Vögel in der Luft: Sie säen nicht und sie ernten nicht, und der Vater im Himmel ernährt sie doch. Seid ihr nicht mehr als diese?

MATTHÄUS 6,25-26

Jene, die nichts ansammeln und die in vollkommener Erkenntnis essen, deren Bereich die Leere ist, die Zeichenlosigkeit und die Befreiung, sind schwer aufzuspüren wie die Vögel im Himmel.

Jene, deren Zwänge geschwunden sind und die an der Nahrung nicht hängen, deren Bereich die Leere ist, die Zeichenlosigkeit und die Befreiung, sind schwer aufzuspüren wie die Vögel im Himmel.

DHAMMAPADA 7.3-4

Euer Vater im Himmel lässt die Sonne aufgehen über Bösen und über Guten, und er sendet
den Regen über die Gerechten und die Unge-
rechten.

MATTHÄUS 5,45

Die große Wolke regnet über alle, seien sie hoch gestellt oder gering. Das Licht der Sonne und des Mondes erleuchtet die ganze Welt, für diejenigen, die Gutes tun, und diejenigen, die Böses tun, für die Hochgestellten und die Niedrigen.

SADHARMAPUNDARIKA SUTRA 5

Kein guter Baum trägt schlechte Früchte, und kein schlechter Baum trägt gute Früchte. Man erkennt jeden Baum an seinen Früchten. Feigen pflückt man nicht von Disteln, und Trauben nicht von Dornbüschen. Ein guter Mensch bringt aufgrund seines guten Herzens Gutes hervor; und ein böser Mensch bringt aus seinem bösen Herzen Schlechtes hervor. Denn der Mund spricht aus, wovon das Herz voll ist.

L U K A S 6,43-45

Nichts von dem, was ein Mensch tut - seien es tugendhafte oder sündige Taten -, ist von geringem Gewicht. Alles trägt Früchte.

UDANAVARGA 9.8

Nichts, was von außen in den Menschen hineinkommt, kann ihn verunreinigen, sondern das verunreinigt ihn, was aus ihm herauskommt.

MARKUS 7,15

Stehlen, Betrügen, Unzucht, das ist verunrei-
nigend - nicht das Essen von Fleisch.

SUTTANIPATA 242

Jesus kannte alle und brauchte das Zeugnis des einen über den anderen nicht; denn er erkannte selbst, was im Menschen war.

JOHANNES 2,24-25

Er kannte die Gedanken und Handlungen anderer Menschen genau.

VIMALAKIRTINIRDESHA SUTRA 2

Die Gerichtsdiener antworteten: »Noch nie hat ein Mensch so gesprochen!«

JOHANNES 7,46

Niemals habe ich gesehen, noch davon gehört, dass ein Meister mit so süßer Sprache vom Himmel herab in die Mitte der Menge gekommen sei.

SUTTANIPATA 955

Reichtum
und Besitz

Jesus wurde in eine Bauernfamilie in Galiläa geboren. Buddha war ein Prinz, Sohn eines mächtigen Herrschers, der über Nordindien gebot. Der eine zog Fischer und Bauern als Gefolgschaft an, dem anderen gesellten sich neben einfachem Volk und neben Ausgestoßenen auch reiche Brahmanen zu.

Solch unterschiedlichen Pfaden folgend, gelangte jeder von beiden an das gleiche moralische Ziel. Beide erkannten, dass nicht nur Reichtum *nicht* der Weg in den Himmel und zur Erleuchtung sei, sondern dass weltliche Güter unserem Versuch, ein gutes Leben zu führen, im Wege stehen.

Buddha sprach davon, uns von persönlicher Habe zu lösen, um Nirvana zu erreichen. Für Jesus fand sich der wahre persönliche Reichtum eher im Himmel als auf den Marktplätzen der Welt. Er hätte Buddhas Lehren nicht nur zugestimmt, sondern hätte sich sogar darüber gewundert, dass dieser reiche Mann mit der königlichen Vergangenheit wie ein Kamel durch ein Nadelöhr hindurch passen konnte.

Selig seid ihr Armen, denn euch gehört das
Reich Gottes.

LUKAS 6,20

Lasst uns glücklich leben und nichts besitzen.
Lasst Freude unsere Nahrung sein, wie bei den
strahlenden Göttern.

DHAMMAPADA 15.4

Wie schwer wird es für diejenigen sein, die viel besitzen, ins Reich Gottes zu kommen! Es ist leichter für ein Kamel, durch ein Nadelöhr zu gehen, als für einen Reichen ins Reich Gottes zu gelangen.

M A R K U S 10,23 U.25

Besitz macht die meisten Menschen gierig, und so sind sie wie Karawanen, die den Weg zur Verdammnis herabziehen. Alle Besitztümer, die die Sünde der Selbstsucht vermehren oder nichts dazu beitragen, dem zu entsagen, was man hat, sind nichts als getarnte Rückschläge.

JATAKAMALA 5.5 U.15

Niemand kann zwei Herren dienen. Denn ein Diener wird entweder den einen Herrn hassen und den anderen lieben, oder dem einen untertan sein und den anderen verachten. Man kann nicht Gott und dem Mammon dienen.

LUKAS 16,13

Ein Weg führt zum Gewinn, der andere Weg führt ins Nirvana. Da sie dies erkennen, sollten Schüler des Buddha sich nicht daran erfreuen, geehrt zu werden, sondern sie sollten üben, nicht anzuhaften.

DHAMMAPADA 5.16

Wenn du vollkommen sein willst, geh hin,
verkaufe deinen Besitz und gib dein Geld den
Armen; dann wirst du einen Schatz im Himmel haben.

MATTHÄUS 19,21

Der Habgierige kommt nicht in den Himmel,
die Narren verachten die Barmherzigkeit. Der
Weise aber freut sich an der Barmherzigkeit
und wird dadurch im Jenseits glücklich.

DHAMMAPADA 13.11

Er sah auf und bemerkte, wie die Reichen ihre Gaben in den Opferstock legten. Er sah aber auch eine arme Witwe zwei kleine Kupfermünzen hineinlegen. Und er sprach: »Wahrlich, ich sage euch, diese arme Witwe hat mehr hineingetan als alle anderen. Denn alle haben sie von ihrem Überfluss abgegeben. Sie aber in ihrer Armut hat ihren Lebensunterhalt hineingegeben.«

LUKAS 21,1-4

Geben ist ein Ausdruck des Wohlwollens der Mächtigen. Selbst Staub ist, in kindlicher Naivität gegeben, eine gute Gabe. Kein Opfer, das guten Glaubens einem würdigen Empfänger gebracht wird, kann als gering angesehen werden. Seine Wirkung ist groß.

JATAKAMALA 3.23

Er sprach zu ihnen: »Als ich euch ohne Geld-
beutel, Tasche oder Sandalen aussandte, fehlte
euch da etwas?« Sie antworteten: »Nein.«

LUKAS 22,35

Dann sprach der Herr seine Mönche an und sagte: »Ich bin von allen Fallstricken befreit. Auch ihr, Mönche, seid von allen Fallstricken befreit.«

VINAYA, MAHAVAGGA 1.11.1

Sammelt euch keine Schätze auf der Erde, wo die Motten und der Rost sie auffressen, und wo die Diebe einbrechen und sie stehlen können. Sammelt euch vielmehr Schätze im Himmel, wo sie die Motten und der Rost nicht fressen und wo keine Diebe einbrechen und sie stehlen.

MATTHÄUS 6,19-20

Lasst den weisen Mann rechtschaffen handeln:
Das ist ein Schatz, den andere nicht teilen können, den kein Dieb stehlen kann, ein Schatz,
der nicht schwindet.

KHUDDAKAPATHA 8.9

Er erzählte ihnen ein Gleichnis: »Das Feld eines Reichen brachte gute Ernte. Und er dachte sich: › Was soll ich tun? Ich habe keinen Ort, um mein Getreide zu lagern.‹ Schließlich sagte er sich: ›Ich will Folgendes tun: Ich werde meine Scheunen abreißen und größere bauen; dort werde ich mein ganzes Getreide und meine Güter unterbringen. Und ich werde meiner Seele sagen: Seele, du hast genug Güter für viele Jahre als Vorrat. Entspanne dich also, iss und trink und sei fröhlich.‹ Aber Gott sprach zu ihm: ›Du Narr! Heute Abend schon wird man dein Leben von dir fordern. Wem wird dann alles gehören, was du angesammelt hast?‹ So geht es denen, die Schätze für sich aufgehäuft haben, aber nicht reich sind vor Gott.«

LUKAS 12,16-21

Der Törichte macht sich besorgt Gedanken:
»Diese Kinder und Güter sind mein.« Da man
nicht einmal sich selbst gehört, welchen Sinn
haben dann »Kinder und Güter«? Wahrlich, es
ist das Los der Menschheit, dass man zwar
Hunderte oder Tausende weltlicher Güter ansammeln kann, aber dennoch dem Spruch des
Todes unterliegt. Alles Angehäufte wird verstreut, alles Errichtete wird niedergerissen, alle
Begegnungen müssen in Trennungen enden.
Das Leben muss schließlich im Tode enden.

UDANAVARGA 1.20-22

INNERE UNABHÄNGIGKEIT

Buddha lebte in der Welt der Eisenzeit; Jesus lebte, als das römischen Weltreich blühte. Beide bezogen die wesentlichen Bilder und Metaphern in ihren Lehren aus der Landwirtschaft: Ein guter Mensch ist wie ein gut gebautes Haus. Jemand, der sich in das Fell eines sanften Tieres kleidet, kann darin die Seele eines Raubtieres verstecken ...

Eine scheinbar einfache Welt, aber durchzogen mit Fallstricken: Wir sind umgeben von fehlgeleiteten und boshaften Menschen. Bei der Suche nach dem Selbst verwirren sich die Wege in einem Knäuel von Richtungen.

Die Antwort beider Meister: Der Weg durch das moralische Labyrinth, so ihre Metaphern und ihre Botschaft, heißt Einfachheit.

Unbehaustheit ist eine Gabe; seid wie die Vögel und verlasst eure Nester; sorgt euch nicht; es gibt nichts zu fürchten; um euch zu erretten, verliert euch im Glauben; kümmert euch nicht darum, eure Hände zu waschen, haltet vielmehr eure Seele rein ...

Hütet euch vor falschen Propheten, die in Schafsfellen kommen, innerlich aber reißende Wölfe sind.

MATTHÄUS 7,15

Welches Gut verbirgt die Kleidung? Während euer innerer Zustand im Durcheinander ist, putzt ihr euer Äußeres.

DHAMMAPADA 26.12

Ich werde euch zeigen, wie einer ist, der zu mir kommt und meine Worte hört und danach handelt. Dieser ist wie einer, der ein Haus baute und es tief gründete und das Fundament auf Fels legte. Als die Flut kam, brandete der Fluss gegen sein Haus, konnte es aber nicht erschüttern, denn es war gut gebaut. Wer aber hört und sich nicht danach richtet, ist wie einer, der sein Haus auf einen Boden ohne Fundament baute. Als der Fluss dagegen prallte, fiel es sofort zusammen und wurde ganz zerstört.

LUKAS 6,47-49

Wie der Regen in ein Haus mit schlechtem Dach hinein läuft, so dringt die Leidenschaft in einen ungeschulten Geist ein. Wie in ein Haus mit gutem Dach kein Regen läuft, so dringt Leidenschaft nicht ein in einen geschulten Geist.

DHAMMAPADA 1.13-14

Wer sein Leben erhalten will, wird es verlieren; und die ihr Leben verlieren um meinetwillen, werden es erhalten.

MARKUS 8,35

Der Vollendete ist durch die Abweisung und
Entäußerung aller Meinungen und aller Ich-
heit ohne Anhaften erlöst.

MAJJHIMANIKAYA 72. REDE, 15

Füchse haben Höhlen, und die Vögel der Luft haben Nester. Aber der Menschensohn hat nichts, wohin er seinen Kopf betten kann.

MATTHÄUS 8,20

Die Besonnenen üben sich. Sie haben keine Freude an einer Wohnung. Wie Schwäne, die ihren See verlassen haben, verlassen sie ihr Haus und ihr Heim.

D H A M M A P A D A 7.2

Euer Herz beunruhige sich nicht und habe keine Angst.

JOHANNES 14,27

Mögen Furcht und Schrecken mich nicht besiegen.

Majjhimanikaya 6. Rede, 8

Wer gegen den Heiligen Geist sündigt, dem kann nicht vergeben werden, sondern er ist einer ewigen Sünde schuldig.

MARKUS 3,29

Lasst im Orden kein Schisma auftreten, denn so etwas ist eine ernste Angelegenheit. Wer einen Orden spaltet, der vereint ist, wird ein Zeitalter lang in der Hölle schmoren.

VINAYA, CULLAVAGGA 7.3.16

Böse Absichten, Mord, Ehebruch, Unzucht,
Diebstahl, Verleumdung, üble Nachrede verunreinigen einen Menschen, nicht aber das Essen mit ungewaschenen Händen.

MATTHÄUS 15,19-20

Durch Waschen wird man nicht rein, wie die
Mehrheit der Sterblichen in dieser Welt
glaubt. Wer jede Sünde fortwirft, große oder
kleine, der ist ein Brahmane, der die Sünde
geworfen hat.

UDANAVARGA 33.13

Jeder, der eine Sünde begeht, ist Sklave der Sünde.

JOHANNES 8,34

Menschen, die vom Verlangen beherrscht werden, gleichen Kaninchen in der Falle.

DHAMMAPADA 24.9

Wenn ihr in eine Stadt kommt und dort nicht willkommen seid, dann geht hinaus auf die Straße und sagt: »Selbst den Staub eurer Stadt, der an unseren Füßen klebt, schütteln wir ab als Zeichen gegen euch.«

L U K A S 10,10-11

Der Weise freundet sich nicht mit dem Miss-
trauischen, dem Habgierigen oder dem Ver-
leumder an oder mit dem Streitsüchtigen, der
Weise meidet die Bösen.

UDANAVARGA 25.1

VERSUCHUNGEN

Die Ähnlichkeiten im *Leben* Jesu und des Buddha sind so bezwingend wie die Parallelen in ihren Gedanken. Jeder wird vom Teufel versucht, während er bei einer längeren Einkehr in der Nähe eine Flusses fastet. Der Teufel versucht beide zu einem Einsatz ihrer übernatürlichen Kräfte zu weltlichen Zwecken zu verführen. Beide weigern sich. In einem buddhistischen Text verspricht der Teufel, Gautama zum Weltenherrscher zu machen, so wie er es bei Jesus im Lukasevangelium tut.

Auch die Teufel ähneln sich. Sie sind Herren des Todes, die einen irdischen Bereich beherrschen und versuchen, jeden in ihr Netz zu locken.

Nachdem sie den Teufel besiegt haben, geben Jesus und Buddha ihre Abgeschiedenheit auf und setzen sich über die gesellschaftlichen Regeln hinweg, indem sie unter Menschen lehren, die den Listen des Teufels auf den Leim gegangen sind. Gautama speist im Hause einer Hure und ärgert die Edlen der Stadt; Jesus wird angegriffen, weil er mit Sündern und Huren isst.

Der Menschensohn ist gekommen, isst und trinkt; und sie sagen: »Seht, ein Fresser und Säufer, ein Freund der Steuereintreiber und Sünder.«

MATTHÄUS 11,19

Sie bekräftigten unter sich: »Bruder, da kommt
jener Asket Gautama, der Üppige, der von seinem Streben abgefallen ist und sich dem Luxus
ergeben hat.«

MAJJHIMANIKAYA 26.REDE, 26

Als er beim Essen im Hause saß, kamen viele Steuereintreiber und Sünder und setzten sich zu ihm und seinen Jüngern. Als die Pharisäer dies sahen, sagten sie zu den Jüngern: »Warum isst euer Meister mit Steuereintreibern und Sündern?« Als er das aber hörte, sprach er: »Diejenigen, denen es gut geht, brauchen keinen Arzt, sondern die Kranken; denn ich bin nicht gekommen, die Rechtschaffenen zu rufen, sondern die Sünder.«

MATTHÄUS 9,10-13

Der Bodhisattva erschien in den Sportplätzen und den Spielstätten, sein Ziel aber war immer, jenen Menschen zu mehr Reife zu verhelfen, die süchtig nach den Spielen waren. Um Lebewesen zu belehren, erschien er an Wegkreuzungen und Straßenecken. Er betrat sogar Bordelle, um auf das Übel des Verlangens hinzuweisen. Und er ging in alle Kneipen, um den Trunkenbolden Achtsamkeit beizubringen.

VIMALAKIRTINIRDESHA SUTRA 2

Eine Frau aus der Stadt, die eine Sünderin war, hatte gehört, dass er im Hause des Pharisäers aß, und brachte ihm einen Alabasterkrug voll Salbe. Sie stand bei seinen Füßen und weinte und begann, seine Füße mit ihren Tränen zu baden und sie mit ihrem Haar zu trocknen. Dann küsste sie seine Füße und salbte sie mit dem Öl. Als der Pharisäer, der ihn eingeladen hatte, das sah, sprach er zu sich selbst: »Wäre dieser Mann ein Prophet, so wüsste er, wer sie ist und was für eine Frau sie ist, die ihn berührt – dass sie eine Sünderin ist.«

LUKAS 7,37-39

Die Hure Ambapali bestieg eine großartige Kutsche und fuhr, den Herrn zu sehen. Sie näherte sich ihm zu Fuß und setzte sich, nachdem sie ihn gegrüßt hatte, in respektvoller Entfernung nieder.

Sie sprach ihn an: »Würde der Herr zustimmen, morgen mit mir zu speisen?« Der Herr sagte zu, indem er still wurde.

VINAYA, MAHAVAGGA 6.30.1-2

Der Teufel sprach zu ihm: »Wenn du der Sohn Gottes bist, dann befiehl doch diesem Stein, ein Laib Brot zu werden.« Jesus antwortete ihm: »Es steht geschrieben: Der Mensch lebt nicht vom Brot allein.«

Dann führte der Teufel ihn hinauf und zeigte ihm in einem Augenblick alle Reiche der Welt. Und der Teufel sprach zu ihm: »All ihre Herrlichkeit und Macht will ich dir geben; denn sie wurden mir überlassen, und ich kann sie geben, wem ich will. Alles wird dein sein, wenn du mich anbetest.«

Jesus antwortete ihm: »Es steht geschrieben: Du sollst den Herrn, deinen Gott, anbeten und nur ihm dienen.«

LUKAS 4,3-8

Dann näherte sich ihm Mara, der Böse, und sprach: »Lasst den Erhabenen herrschen, lasst den Gesegneten regieren.«

»Was hast du im Sinn, Böser, dass du so zu mir sprichst?«

»Wenn der Erhabene den Himalaya, den König der Berge, in Gold verwandeln wollte, könnte er es so bestimmen, und die Berge würden zu einer Masse von Gold werden.«

Der Erhabene antwortete: »Wären auch alle diese Berge aus leuchtendem Gold, so wäre es doch nicht genug für das Verlangen eines Menschen. Wer das Leiden gesehen hat, wie könnte er dem Verlangen verfallen?«

Da dachte Mara, der Böse: »Der Erhabene kennt mich! Der Gesegnete kennt mich!« Und er machte sich traurig und sorgenvoll davon.

SAMYUTTANIKAYA 4.2.10

Nach diesen Versuchungen verließ der Teufel
ihn bis zu anderer Gelegenheit.

LUKAS 4,13

Während der sechs Jahre, in denen der Bodhisattva sich in Entbehrungen übte, verfolgte der
Dämon ihn auf Schritt und Tritt und suchte
eine Gelegenheit, ihm zu schaden. Er fand aber
keine und ging entmutigt und unzufrieden davon.

LALITAVISTARA SUTRA 18

Er fastete vierzig Tage und vierzig Nächte und war danach hungrig. Dann verließ ihn der Teufel, und plötzlich kamen die Engel und dienten ihm.

MATTHÄUS 4,2 U.11

Da dachte ich: »Wie wäre es, wenn ich mich
völlig der Nahrung enthielte?« Da traten Gott-
heiten zu mir und sprachen: »Enthalte dich
nicht völlig der Nahrung, Würdiger. Wenn du
es tust, werden wir himmlischen Tau durch
deine Poren einflößen, und davon wirst du leben.«

MAJJHIMANIKAYA 36. REDE, 27

Der Teufel war ein Mörder von Anfang an und steht nicht in der Wahrheit, weil es für ihn keine Wahrheit gibt. Wenn er lügt, spricht er seinem eigenen Wesen gemäß, denn er ist ein Lügner und der Vater der Lügen.

JOHANNES 8,44

Mara, der Böse erschien und verlangte ihr Verderben. Und er verschloss ihnen den sicheren
und guten Pfad, der zum Glück führte, und
öffnete einen falschen Pfad, sodass sie später in
Verderben und Verlust fallen würden.

MAJJHIMANIKAYA 19. REDE, 25-26

Einer der Verbrecher, die dort gekreuzigt wurden, verspottete ihn weiterhin, indem er sagte: »Bist nicht du der Messias? Rette dich und uns!« Der andere aber wies ihn zurecht und sprach: »Fürchtest du nicht Gott, da du unter dem gleichen Spruch der Verdammnis stehst? Und wir sind ja mit Recht verurteilt worden, denn wir bekommen, was wir verdienen, dieser Mann aber hat nichts Unrechtes getan.« Dann sagte er: »Jesus, denke an mich, wenn du in dein Reich kommst.« Jesus antwortete: »Wahrlich, ich sage dir, heute wirst du mit mir im Paradies sein.«

LUKAS 23,39.43

Der Buddha gab ein Zeichen von solch über-
natürlicher Macht, dass der Räuber ihn an-
sprach: »Ich werde das Böse für immer von mir
weisen.« Dabei nahm er seine Schwerter und
Waffen und warf sie in eine offene Grube.
Dann betete er zu seinen Füßen an und sprach:
»Wer einmal in Nachlässigkeit lebte und dann
nicht mehr nachlässig ist, der erleuchtet die
Welt wie der Mond, der von einer Wolke befreit ist.«

MAJJHIMANIKAYA 86. REDE, 5-6 U.18

ERLÖSUNG

Für Jesus gleicht sie einem engen Tor, für Buddha einem hohen Berg - die Botschaft ist die gleiche: Rein zu werden, ist die größte Herausforderung, und nur wenige können ihr standhalten. Beide sprechen davon, das Geistige vom Physischen zu trennen und dem Ersten zu folgen und auf das Letztere zu verzichten.

Es ist einfach, dies zu tun, aber nicht leicht. Freiheit erlangen wir, indem wir uns an die Wahrheit halten und die Verlockung der Welt überwinden. Sei rein im Herzen, sagt Jesus. Tue Gutes und reinige dein Herz, sagt der Buddha.

Das Ziel, das beide im Sinn haben, ist ein Himmel, in welchem wir frei sind von der irdischen Sünde oder der Reinkarnation in der Welt.

Ich habe gelehrt, »dem Weg« einfach zu folgen und Vertrauen zu haben, so sagen beide. Und jeder von ihnen glaubt, dass seine Worte

nicht nur den Weg zur Freiheit zeigen, sondern dass man sich zu geistiger Knechtschaft
verurteilt, wenn man die Botschaft missachtet.

Ihr werdet die Wahrheit erkennen, und die Wahrheit wird euch befreien.

JOHANNES 8,32

Wer auf der Grundlage der Wahrheit handelt,
wird in dieser und der nächsten Welt glücklich
sein.

DHAMMAPADA 13.2

Selig sind, die reinen Herzens sind, denn sie werden Gott schauen.

MATTHÄUS 5,8

Wer sich in die Meditation über das Mitgefühl versenkt, kann Brahma mit eigenen Augen sehen, mit ihm von Angesicht zu Angesicht sprechen und sich mit ihm beraten.

DIGHANIKAYA 19.43

Tretet ein durch das enge Tor! Denn das Tor ist weit, das ins Verderben führt, und der Weg ist leicht, und viele sind es, die ihn nehmen. Und das Tor ist eng, das zum Leben führt, und der Weg ist schwierig, und nur wenige finden ihn.

MATTHÄUS 7,13-14

So wie es nur wenige angenehme Parks und Seen gibt, aber viele Dickichte und unzugängliche Berge, so gibt es wenige Wesen, die unter den Menschen wiedergeboren werden*.

Zahlreicher sind die, die in der Hölle wiedergeboren werden.

ANGUTTARANIKAYA 1.19

* - und nur solche können erlöst werden (Anm.d.Übers.)

Gott liebte die Welt so sehr, dass er seinen einzigen Sohn gab, damit alle, die an ihn glauben, nicht vergehen, sondern das ewige Leben haben. Ja, Gott sandte seinen Sohn nicht in die Welt, um die Welt zu verdammen, sondern damit die Welt durch ihn gerettet werde.

JOHANNES 3,16-17

Ein gewisser Brahmane sprach zum Herrn: »Verehrter Gautama, es ist, als würde jemand einen beim Schopfe fassen, der gestolpert und in eine Grube gefallen ist, und ihn wieder auf festen Boden setzen - ebenso bin ich, der ich in eine Grube fiel, von dir gerettet worden.«

DIGHANIKAYA 12.78

Niemand kann in das Reich Gottes gelangen, wenn er nicht aus Wasser und Geist wiedergeboren wird. Was aus dem Fleisch geboren ist, ist Fleisch; und was aus dem Geist geboren ist, ist Geist. Wundert euch nicht, wenn ich euch sage: Ihr müsst von oben herab geboren werden.

JOHANNES 3,5-7

Es gibt zwei Gaben: die fleischliche und die geistige. Von diesen zwei Gaben ist die geistige vorrangig. Wer die geistige Gabe gebracht hat, ein solcher wird, als bester der Menschheit, von allen Wesen als einer verehrt, der hinüber gegangen ist.

ITIVUTTAKA 4.1

Das Himmelreich ist wie ein im Feld verborgener Schatz, den jemand gefunden und verborgen hat. In seiner Freude geht er hin und verkauft alles, was er hat, und kauft dieses Feld.

MATTHÄUS 13,44

Wenn man durch das Aufgeben endlicher Vergnügen ein weitreichendes Glück erlangen kann, dann lässt der Weise von den begrenzten Freuden ab und blickt auf das weitreichende Glück.

DHAMMAPADA 21.1

Derjenigen von dieser treulosen und sündigen Generation, die sich meiner und meiner Worte schämen, wird sich auch der Menschensohn schämen, wenn er in der Herrlichkeit des Vaters mit seinen heiligen Engeln kommt. ... Wer glaubt und getauft wird, der wird gerettet werden. Wer aber nicht glaubt, der wird verdammt werden.

MARKUS 8,38 U. 16,16

Wie jemand, der im Besitz von Tugend und Weisheit ist, hier und jetzt sich der letzten Erkenntnis freuen kann, so sage ich, dass jemand, der diesen Geisteszustand nicht besitzt und gegen mich spricht, in die Hölle fortgetragen wird.

MAJJHIMANIKAYA 12. REDE, 21

Das Reich Gottes ist so, als wenn jemand Saat
auf dem Boden verstreut und dann schläft und
aufsteht; und es wird Nacht und Tag; und der
Samen keimt und wächst, und er weiß nicht
wie. Die Erde bringt aus sich selbst hervor, erst
den Halm, dann die Ähre, dann das volle Korn
der Ähre. Wenn aber die Körner reif sind, geht
er mit seiner Sichel hin, denn die Erntezeit ist
gekommen.

MARKUS 4,26-29

Der Bauer kann sein Feld in Eile pflügen und eggen. Aber der Bauer hat keine magische Macht zu sagen: »Mein Getreide soll heute ausschlagen, morgen Frucht tragen und übermorgen reifen.« Nein! Es ist die passende Jahreszeit, die das tut.

ANGUTTARANIKAYA 3.91

Wer lebt und an mich glaubt, der wird niemals
sterben.

JOHANNES 11,26

Jene, die genügend Glauben und Liebe zu mir empfinden, die steigen himmelwärts auf.

MAJJHIMANIKAYA 22. REDE, 47

Wer das Geringste dieser Gebote bricht und andere das Gleiche lehrt, der wird im Himmelreich der Letzte genannt werden. Wer sie aber einhält und andere das Gleiche lehrt, wird im Himmelreich groß gelten.

MATTHÄUS 5,19

Diese würdigen Wesen, die sich körperlich und geistig wohl verhalten haben, werden nach dem Tode zu einer glücklichen Bestimmung wiederkehren, sogar in einer himmlischen Welt. Diejenigen würdigen Wesen aber, die sich körperlich und geistig fehl verhalten haben, werden nach dem Tode im Bereich der Geister wiedergeboren.

MAJJHIMANIKAYA 130. REDE, 2

ZUKUNFT

Der große buddhistische Gelehrte Edward Conze bemerkte einmal: »Wenn wir die Eigenschaften der Gottheit nach den mystischen Überlieferungen des christlichen Denkens mit dem Nirvana vergleichen, finden wir keine Unterschiede.« Sowohl Jesus als auch Buddha sahen sich als geistige Führer auf dem Weg zu dieser »Gottheit« und in eine Zukunft, die frei von irdischen Beschränkungen ist.

Beide lehrten sie, dass sie zwar sterben würden, dass ihre Worte aber bestehen bleiben würden, um ihren Nachfolgern bis zu jener Zeit zu helfen, die Jesus als »die Erneuerung aller Dinge« bezeichnete und die Buddha »eine Zeit, wenn diese Welt zusammenfällt« nannte.

Tatsächlich hielten beide ihre irdische Mission so lange für unvollkommen, bis sie andere vorbereitet hätten, diese Zukunft zu erkennen und sich dafür zu rüsten.

Himmel und Erde werden vergehen.

MARKUS 13,31

Diese große Erde wird verbrannt werden, ganz
vergehen und nicht mehr sein.

ANGUTTARANIKAYA 7.62

Die gute Botschaft vom Reich wird in der ganzen Welt verkündet werden, als ein Zeugnis für alle Völker; und dann wird das Ende kommen.

MATTHÄUS 24,14

Ich werde das endgültige Nirvana nicht erle-
ben, bis ich Jünger habe, die das Dharma kennen und weitergeben werden, was sie von
ihrem Lehrer erhalten haben, es verkünden
und das Dharma der wunderbaren Wirkungen
lehren.

DIGHANIKAYA 16.3.7

Viele falsche Propheten werden auftreten und viele irreleiten. Und wegen der Zunahme der Gesetzlosigkeit wird die Liebe vieler erkalten.

MATTHÄUS 24,11-12

Ungeübte Mönche werden anderen Anleitung
geben, und sie werden nicht in der Lage sein,
sie auf dem Wege höherer Tugend zu führen.
Und diejenigen wiederum, die ungeübt sind,
werden wieder andere anleiten und nicht in
der Lage sein, sie zu führen.

ANGUTTARANIKAYA 5.79

Da fragte ihn der Hohepriester wieder: »Bist du der Messias, der Sohn des Gelobten?« Jesus sprach: »Ich bin es. Und ihr werdet den Menschensohn zur Rechten der Macht sitzen und mit den Wolken des Himmels kommen sehen. ... Der Beistand, der Heilige Geist, den der Vater in meinem Namen senden wird, wird euch alles lehren und euch an alles erinnern, was ich euch gesagt habe.«

MARKUS 14,61-62 U. JOHANNES 14,26

Es wird in der Welt ein Herr auftreten, ein voll erleuchteter Buddha, ausgestattet mit Weisheit und Autorität, erleuchtet und gesegnet, wie ich jetzt. Er wird das Dharma lehren und das heilige Leben in aller Fülle und Reinheit verkünden.

DIGHANIKAYA 26.25

Noch eine Weile, dann wird die Welt mich nicht mehr sehen können; aber ihr werdet mich sehen, weil ich lebe; und auch ihr werdet leben.

JOHANNES 14,19

Und der Herr sprach: »Vielleicht werdet ihr denken: 'Der Lehrer, der uns unterwies, ist dahingegangen, jetzt werden wir keinen Lehrer mehr haben!' So soll es aber nicht sein, denn was ich gelehrt und euch erklärt habe, wird nach meinem Ende euer Lehrer sein.«

DIGHANIKAYA 16.6.1

Ich sage euch: Wenn ihr euch über einen Bruder oder eine Schwester ärgert, werdet ihr dem Gericht verfallen, und wer seinen Bruder oder seine Schwester beleidigt, soll dem Hohen Rat verfallen sein. Und wer sagt: Du Narr!, soll dem Feuer der Hölle verfallen sein.

MATTHÄUS 5,22

Ein gewisser Mann hat einen zornigen und reizbaren Charakter. Wenn er ein wenig kritisiert wird, dann ist er beleidigt, wird wütend, feindselig und bitter, und er äußert Zorn, Hass und Bitterkeit. Weil er aber solche Handlungen vollzieht, wird er nach seinem Tod in einem Zustand des Mangels wiedererscheinen, zu einer unglücklichen Bestimmung, in Verdammnis, sogar in der Hölle.

MAJJHIMANIKAYA 135.REDE, 9

WUNDER

Sind Jesus und Buddha wirklich auf dem Wasser gewandelt, durch Wände hindurch gegangen und von den Toten auferstanden? Diese Wunder sind, auch wenn Skeptiker sie anzweifeln, heute für einige ihrer Anhänger ebenso wichtig wie ihre Lehren. Die Evangelien, insbesondere das des Markus, und die überlieferten Biografien des Buddha stecken voller Geschichten von ihrer Macht über die Natur. Die verehrende Kunst des Christentums und des Buddhismus auf der ganzen Welt stellt diese bemerkenswerten Ereignisse dar.

Buddhisten gehen davon aus, dass Wunder Ausfluss karmischer Verdienste und eines vollkommenen Geistes sind, während die Christen sie als die durch Menschen wirkende Kraft Gottes ansehen. Die konkreten Wunder selbst ähneln sich jedoch bemerkenswert. Jesus bewirkte zum Beispiel durch wenige Brote und Fische die Speisung der Menge, so wie

Buddha fünfhundert Menschen mit ein paar kleinen Kuchen ernährte. Beide wurden vor den Augen ihrer Jünger durch blendendes Licht transfiguriert. Und beide wurden sie wütend, wenn die Leute Wunder verlangten, um ihren Glauben zu stützen.

Als er sah, dass sie sich gegen den widrigen
Wind in die Ruder legten, kam er früh mor-
gens zu ihnen, wobei er über den See ging.

MARKUS 6,48

Er geht über das Wasser, ohne einzusinken, als sei es fester Boden.

ANGUTTARANIKAYA 3.60

Er erwachte, drohte dem Wind und sprach zu dem See: »Still! Schweige!« Der Wind legte sich, und es entstand eine völlige Stille.

MARKUS 4,39

Zu jener Zeit fiel sehr viel Regen, und eine große Flut entstand. Dann ließ der Herr das Wasser ringsum zurückfließen, und er ging in der Mitte des staubigen Bodens hin und her.

VINAYA, MAHAVAGGA 1.20.16

Obwohl die Türen geschlossen waren, kam Jesus und stellte sich mitten unter sie.

JOHANNES 20,26

Ungehindert geht er durch eine Wand.

ANGUTTARANIKAYA 3.60

Wahrlich ich sage euch, wenn ihr nur Glauben habt so viel wie ein Senfkorn und ihr sprecht zu diesem Berg: »Hebe dich hinweg von hier«, so wird er es tun. Nichts wird für euch unmöglich sein.

MATTHÄUS 17,20

Ein Mönch, der in seiner Konzentration geübt
ist, kann den Himalaya spalten.

ANGUTTARANIKAYA 6.24

Nachdem er das gesagt hatte, wurde er vor ihren Augen erhoben, und eine Wolke nahm
ihn aus ihrem Blickfeld.

APOSTELGESCHICHTE 1,9

Der ehrwürdige Dabba erhob sich von seinem
Sitz, grüßte den Erhabenen mit seiner Rechten, erhob sich in die Luft und erlangte, im
Schneidersitz am Himmel sitzend, die Sphäre
der Hitze. Von dieser sich erhebend, ver-
schwand er schließlich vollends.

UDANA 8.9

An jenem Abend brachten sie ihm viele, die
von Dämonen besessen waren. Und er trieb
die Geister aus mit einem Wort und heilte alle,
die krank waren.

MATTHÄUS 8,16

Der ehrwürdige Kassapa war krank und lag darnieder, von einer schweren Krankheit geschlagen. Der Buddha sprach zu ihm, und Kassapa war froh. Auf der Stelle erhob er sich von seinem Krankenbett und verließ es.

SAMYUTTANIKAYA 46,14

Viele Menschen kamen zu ihm und brachten
Lahme, Krüppel, Blinde, Stumme und viele
andere zu ihm. Sie legten sie ihm zu Füßen,
und er heilte sie. Dann rief Jesus seine Jünger
zu sich und sagte zu ihnen: »Ich habe Mitleid
mit diesen Menschen und möchte sie nicht
hungrig fortschicken.« Er ließ die Leute sich
niedersetzen, nahm dann die sieben Brote und
die Fische. Nachdem er Dank gesagt hatte,
brach er sie und gab sie den Jüngern, und diese
gaben sie weiter an die Menge. Die davon
aßen waren viertausend Männer, sowie dazu
Frauen und Kinder.

MATTHÄUS 15, 30 U.32, 35-36 U.38

Während der Zeit des Elendes werden wahre
Bodhisattvas zur besten heiligen Medizin. Sie
machen die Lebewesen glücklich und führen
zu ihrer Befreiung. Während der Hungerzei-
ten werden sie zu Speise und Trunk. Nachdem
sie zuerst Durst und Hunger erleichtert haben,
lehren sie alle Lebewesen das Dharma.

VIMALAKIRTINIRDESHA SUTRA 8

Jesus heilte viele Menschen von Krankheiten, Seuchen und bösen Geistern und gab vielen Blinden das Augenlicht wieder. Und er sprach zu ihnen: »Geht und berichtet dem Johannes, was ihr gesehen und gehört habt: Die Blinden sehen wieder, die Lahmen können gehen, die Aussätzigen sind rein, die Tauben hören wieder, die Toten auferstehen, und den Armen ist gute Botschaft gebracht worden.«

LUKAS 7,21-22

Sobald der Bodhisattva geboren war, wurden die Kranken geheilt, die Hungrigen und Durstigen wurden nicht mehr von Hunger und Durst bedrückt. Die Trunksüchtigen verloren ihre Besessenheit. Die Irren kamen wieder zu Sinnen, und die Tauben konnten wieder hören. Die Hinkenden und die Lahmen erhielten wieder vollkommene Gliedmaßen, die Armen wurden reich, und die Gefangenen wurden von ihren Fesseln befreit.

LALITAVISTRA SUTRA 7

Siehe, ich habe dir Vollmacht gegeben, auf Schlangen und Skorpione zu treten und alle Macht über den Feind zu haben, und nichts wird dich verletzen.

L U K A S 10,19

Zu jener Zeit starb ein gewisser Mönch, der von einer Schlange gebissen worden war. Davon berichteten sie dem Herrn. Er sprach: »Wenn dieser Mönch den vier königlichen Schlangenfamilien liebevolle Freundlichkeit entgegengebracht hätte, dann wäre er - obgleich von einer Schlange gebissen - nicht daran gestorben.«

VINAYA, CULLAVAGGA 5.6

Sechs Tage danach nahm Jesus Petrus, Jakob und Johannes mit sich allein auf einen hohen Berg. Und er wurde vor ihnen verwandelt, und seine Kleider wurden blendend weiß, wie sie auf Erden niemand bleichen kann.

MARKUS 9,2-3

Nachdem Ananda dem Erhabenen einige goldfarbene Gewänder angelegt hatte, bemerkte er, dass diese gegenüber seinem Körper dunkel wirkten. Und er sagte: »Es ist wunderbar, Herr, wie strahlend und hell die Haut des Herrn erscheint! Sie sieht noch leuchtender aus als die goldenen Gewänder, in die sie gekleidet ist.«

D I G H A N I K A Y A 16.4.37

Die Pharisäer kamen und fingen an mit ihm zu diskutieren und forderten ein himmlisches Zeichen von ihm, um ihn zu prüfen. Und er seufzte tief in seinem Geiste und sprach: »Was verlangt diese Generation nach einem Zeichen? Wahrlich ich sage euch: Dieser Generation wird kein Zeichen gegeben werden.«

MARKUS 8,11-12

Ein Wunder geistiger Macht wird nicht jedem
gezeigt. Wer solche Kräfte offen demonstriert,
tut Falsches.

VINAYA, CULLAVAGGA 5.8.2

JÜNGERSCHAFT

Es gibt im Buddhismus eine Teilparallele zu
den biblischen Geschichten, in denen Jesus seine Jünger beruft, sie in Galiläa findet und sie
anweist, ihm zu folgen. Die Anweisungen, die
Jesus und Buddha ihren Nachfolgern gaben,
sind sich sehr ähnlich. Beide erhoben harte
Forderungen. Jesus warnte die Jünger, dass es,
sobald sie einmal die Hand an den Pflug gelegt
hätten, kein Zurückschauen mehr geben würde. Und Gautama widmete eine ganze Rede
den Gefahren, die einen Eingeweihten heim-
suchen könnten.

Um die Festigkeit des Glaubens zu be-
wahren, sollten Nahrung, Kleidung und Ob-
dach für unwesentlich gehalten werden. Beide Lehrer wiesen ihre Jünger an, die Gedanken an persönliches Vergnügen und Sicherheit aufzugeben. Deswegen verloren einige
der frühen Nachfolger auf dem Wege ihren
Glauben. Zu den Verbliebenen sprachen Jesus und Buddha in Gleichnissen, in einer Art

Geheimsprache innerhalb der Gruppe, die andere nicht leicht verstehen sollten. Schließlich organisierte jeder von beiden seine Jünger und schickte sie hinaus in die Welt, damit sie nach ihrer beider Fortgang die Botschaft weitertrugen.

Er sagte ihnen ein Gleichnis: »Kann ein Blinder einen Blinden führen? Werden sie nicht beide in eine Grube fallen?«

Lukas 6,39-40

Wenn diese Brahmanen einen Pfad lehren, den sie weder kennen noch sehen, und sagen: »Dies ist der einzige richtige Weg«, dann kann das nicht richtig sein. So wie eine Reihe von Blinden geht und sich einer an den anderen klammert, von denen der Erste nichts sieht und der Mittlere nichts sieht und der Letzte nichts sieht – so ist es mit der Rede dieser Brahmanen.

DIGHANIKAYA 13.15

Zu einem anderen sagte er: »Folge mir.« Aber dieser antwortete: »Herr, lass mich erst gehen und meinen Vater begraben.« Jesus aber sprach zu ihm: »Lass die Toten ihre Toten begraben. Du aber geh und verkünde das Reich Gottes.« Ein anderer sagte: »Herr, ich werde dir folgen. Lass mich zuvor zu Hause Abschied nehmen.« Jesus sprach zu ihm: »Niemand, der die Hand an den Pflug legt und zurückschaut, ist bereit für das Reich Gottes.«

LUKAS 9,59-62

Wer die menschlichen Anhaftungen abgelegt hat, wer die Anziehung durch die Götter hinter sich gelassen hat, wer von aller Anhaftung frei ist, der - sage ich - ist ein Brahmane.

UDANAVARGA 33.52

Er rief die Zwölf und fing an, sie zu je Zweien
auszusenden; und er gab ihnen Macht über die
unreinen Geister. So gingen sie hinaus und
verkündeten, dass alle umkehren sollten. Sie
trieben Dämonen aus, salbten viele Kranke mit
Öl und heilten sie.

MARKUS 6,7 U.12-13

Geht, ihr Mönche, zum Segen für die Menschen durch das Land, zum Glück der Menschen und aus Mitgefühl mit der Welt. Und es sollen nie zwei von euch den gleichen Weg nehmen.

VINAYA, MAHAVAGGA 1.11.1

Jesus antwortete ihm: »Gesegnet bist du, Simon, Sohn des Jona. Denn Fleisch und Blut haben dir das nicht offenbart, sondern mein Vater im Himmel. Und ich sage dir: Du bist Petrus, und auf diesen Felsen werde ich meine Gemeinde bauen, und die Tore des Hades werden keine Macht über sie haben. Ich will dir die Schlüssel des Himmelreichs geben; und was du auf Erden bindest, das wird im Himmel gebunden sein; und was du auf Erden lösest, das wird im Himmel gelöst sein.«

MATTHÄUS 16,17-19

Würde von jemandem gesagt: »Er ist der Sohn des Gesegneten, geboren aus seiner Brust, ein Erbe des Dharma, nicht ein Erbe materieller Dinge«, so sollte es von meinem Jünger Sariputta gesagt werden. Das unvergleichliche Rad des Dharma wird von Sariputta im Rollen gehalten.

MAJJHIMANIKAYA 111.REDE, 22-23

Geht also und lehret alle Völker und tauft sie
im Namen des Vaters und des Sohnes und des
Heiligen Geistes, und lehrt sie alles zu halten,
was ich euch befohlen habe.

MATTHÄUS 28,19-20

Lehrt das Dharma, das zu Anfang lieblich ist,
lieblich in der Mitte und lieblich am Ende. Er-
läutert es nach der Weise des Brahma anhand
des Geistes und der Buchstaben.

VINAYA, MAHAVAGGA 1.11.1

»Euch ist das Geheimnis des Gottesreiches gegeben, jenen da draußen aber wird alles in
Gleichnissen gesagt.« Er sprach zu ihnen nur in
Gleichnissen, aber seinen Jüngern erklärte er
alles insgeheim.

MARKUS 4,11 U.34

Solche Rede über das Dharma wird keinen in
Weiß gekleideten Laien gegeben. Solche
Rede über das Dharma wird nur Fortgeschrit-
tenen gegeben.

MAJJHIMANIKAYA 143. REDE, 15

Er blickte auf die, die um ihn herum saßen, und sagte: »Hier sind meine Mutter und meine Brüder! Wer den Willen Gottes tut, ist mein Bruder und meine Schwester und meine Mutter.«

MARKUS 3,34-35

Ihr seid meine wahren Söhne, geboren aus dem Dharma, geschaffen vom Dharma, meine geistigen Erben, keine fleischlichen Erben.

ITIVUTTAKA 4.1

Allen, die ihn aufnahmen, die an seinen Namen glaubten, gab er die Kraft, Kinder Gottes
zu werden, die nicht aus dem Blut oder dem
Willen des Fleisches oder dem Willen des
Menschen geboren waren, sondern aus Gott.

JOHANNES 1,12-13

Wie die großen Flüsse, wenn sie das Meer erreichen, ihre früheren Namen verlieren und
ihre Identität und einfach als das große Meer
betrachtet werden, so verlieren die Jünger ihre
früheren Namen und werden Söhne des
Buddha-Klans.

VINAYA, CULLAVAGGA 9.1.4

Viele seiner Jünger kehrten um und zogen nicht mehr mit ihm.

JOHANNES 6,66

Sechzig weitere Mönche gaben die Übung auf und kehrten zum niederen weltlichen Leben zurück und sagten: »Schwer ist die Aufgabe des Erhabenen!«

ANGUTTARANIKAYA 7.68

Seine Jünger sagten zu ihm: »Wenn das bei einem Mann in Bezug auf die Frau der Fall ist, ist es besser, nicht zu heiraten.« Er sagte aber zu ihnen: »Nicht jeder kann sich an diese Lehre halten, sondern nur diejenigen, denen es gegeben ist.«

MATTHÄUS 19,10-11

Der Weise sollte von der Promiskuität Abstand nehmen, als wäre sie eine brennende Kohlengrube. Wenn er schon kein zölibatäres Leben führen kann, so soll er keine Übertretung mit der Frau eines anderen machen.

SUTTANIPATA 396

MENSCHLICH UND GÖTTLICH

Jahrhundertelang ist die Frage diskutiert worden, ob Jesus ein Mensch oder ein Gott war. Sowohl ihm als auch Buddha wurden menschliche und göttliche Eigenschaften zugeschrieben. In mancher Hinsicht ewig, war es jedoch beider Schicksal zu sterben. Ironischerweise bereiteten sie ihre jeweiligen Jünger auf dieses sehr menschliche Ereignis vor, indem sie sie an einer Transfiguration teilnehmen ließen, in welcher ihre Körper übernatürlich strahlend wurden.

Verschiedene religiöse Texte stellen sie als bemerkenswert in ihrer Erscheinung dar und vergleichen sie mit Löwen und Königen. Am wichtigsten aber ist, dass sie als Avataras beschrieben werden, die vom Himmel herabgestiegen sind, um der Menschheit zu dienen und schließlich zurückzukehren, woher sie gekommen sind. Sowohl im Buddhismus als auch im Christentum werden beide als voll menschlich, aber auch als wunderbarer Kräfte mächtig angesehen. Jeder wird von einer Frau geboren, aber von einer reinen Frau, die so Menschliches und Göttliches verbindet.

Jesus sprach zu ihnen und sagte: »Ich bin das Licht der Welt. Wer mir nachfolgt, wird nicht in Dunkelheit gehen, sondern das Licht des Lebens haben.«

JOHANNES 8,12

Wenn ein Bodhisattva vom Himmel herab-
steigt, erscheint in dieser Welt ein unermessli-
ches, herrliches Licht, das die Herrlichkeit des
stärksten Glanzes überstrahlt. Und die dunklen
Räume jenseits des Endes der Welt werden
von diesem Licht erhellt.

DIGHANIKAYA 14.1.17

»Ich bin von Gott ausgegangen und gekommen. Ich kam nicht in meinem Namen, sondern er sandte mich. Aber ich kenne ihn und halte an seinem Wort fest.«

JOHANNES 8,42 U.55

Man könnte eher sagen, dass ein Mann, wenn er nach dem Weg gefragt wird, verwirrt oder erstaunt ist, als dass der Erhabene mit einer Antwort über Brahma zögerte. Ich kenne Brahma und die Welt Brahmas und den Weg in die Welt Brahmas und den Übungsweg, mit Hilfe dessen man in die Welt Brahmas gelangen kann.

DIGHANIKAYA 13.38

Denn der Menschensohn kam nicht, sich bedienen zu lassen, sondern um zu dienen und sein Leben als Lösegeld für viele zu geben.

MARKUS 10,45

Ich bin eine Gewissheit dafür, nicht wiederzu-
kehren.

ITIVUTTAKA 1.1.6

Jesus sagte zu ihm: »Ich bin der Weg und die Wahrheit und das Leben. Niemand kommt zum Vater als durch mich. Die ganze Zeit bin ich bei euch gewesen, Philipp, und doch kennst du mich noch nicht? Wer mich gesehen hat, hat den Vater gesehen. Wie kannst du sagen: Zeige uns den Vater? Ich werde euch nicht verwaist lassen. Ich komme zu euch. Noch eine Weile, dann wird die Welt mich nicht mehr sehen können; aber ihr werdet mich sehen, weil ich lebe; und auch ihr werdet leben. An jenem Tage werdet ihr erkennen, dass ich in meinem Vater bin und ihr in mir und ich in euch. Diejenigen, die meine Gebote haben und sie halten, sind es, die mich lieben. Und die mich lieben, werden von meinem Vater geliebt werden; und ich werde sie lieben und mich ihnen offenbaren.«

JOHANNES 14,6 U.9 U.18-21

Selbst wenn ein Mönch den Saum meines Gewandes ergriffe und Schritt für Schritt hinter mir herginge, aber weiterhin begehrlich, unbesonnen und hemmungslos bliebe, dann wäre dieser Mönch mir fern und ich fern von ihm. Was ist der Grund dafür? Mönche, jener Mönch würde nicht das Dharma sehen. Wenn er das Dharma nicht sieht, sieht er mich nicht. Selbst wenn ein Mönch weit entfernt wohnte, aber nicht begehrlich wäre, nicht wild in seinem Verlangen, nicht boshaft in seinem Herzen, nicht verdorben in seinem Geist, sondern gesammelt, ruhig, achtsam und besonnen, dann wäre jener mir nahe und ich ihm nahe. Was ist der Grund dafür? Mönche, jener Mönch würde das Dharma sehen. Wenn er das Dharma sieht, sieht er mich.

ITIVUTTAKA 3.5.3

Ich sah einen wie einen Menschensohn, bekleidet mit einem langen Gewand und einer goldenen Schärpe um seine Brust. Sein Kopf und sein Haar waren weiß wie weiße Wolle, weiß wie Schnee. Seine Augen waren wie Feuerflammen. Seine Füße glänzten wie glühende Bronze, und seine Stimme war wie der Klang vieler Gewässer. In seiner Rechten hielt er sieben Sterne, und aus seinem Mund kam ein scharfes zweischneidiges Schwert, und sein Gesicht war wie die kraftvoll scheinende Sonne.

OFFENBARUNG 1,14-16

Dieser Prinz hat die Zeichen eines großen
Mannes. Auf den Sohlen seiner Füße sind Rä-
der mit tausend Speichen. Sein Angesicht ist
hell, von goldener Farbe. Er hat eine Stimme
wie Brahma, wie die eines Vogels. Seine Augen sind von tiefem Blau. Das Haar zwischen
seinen Brauen ist weiß und weich wie Dau-
nen. Sein Kopf ist wie ein königlicher Turban.

DIGHANIKAYA 14.1.32

Die Menge antwortete ihm: »Wir haben aus dem Gesetz vernommen, dass der Messias in Ewigkeit bleiben wird.«

JOHANNES 12,34

Wer die vier Grundlagen zur übernatürlichen Kraft entwickelt hat, könnte zweifellos eine Weltperiode lang leben. Der Buddha hat diese Kräfte entwickelt, Zweifellos könnte er für eine Weltperiode leben.

DIGHANIKAYA 16.3.3

Ich habe ihnen dein Wort gegeben; und die
Welt hat sie gehasst, weil sie nicht der Welt an-
gehören, so wie ich nicht der Welt angehöre.
Ich bitte dich nicht, sie aus der Welt heraus zu
nehmen, aber ich bitte dich, sie vor dem Bösen
zu schützen. Sie sind nicht von der Welt, so
wie auch ich nicht von der Welt bin.

JOHANNES 17,14-16

Brüder, so wie ein dunkelblauer Lotus oder ein weißer Lotus, die im Wasser geboren werden, im Wasser zu vollem Wachstum gelangen, sich zur Oberfläche erheben und unbefleckt über der Wasseroberfläche stehen, so – Brüder – wohnt der Buddha, nachdem er in der Welt zu vollem Wachstum gekommen ist und über die Welt hinaus gegangen ist, unbefleckt von der Welt.

SAMYUTTANIKAYA 22.94

Der Hohepriester fragte ihn: »Bist du der Messias, der Sohn des Gelobten?« Jesus sprach: »Ich bin es. Und ihr werdet den Menschensohn zur Rechten der Macht sitzen und mit den Wolken des Himmels kommen sehen.«

MARKUS 14,61-62

Dieser Prinz hat die Zeichen eine großen Mannes. Für einen solchen stehen nur zwei Wege offen. Geht er in die Welt hinaus, so wird er zu einem voll erleuchteten Buddha, zu einem, der den Schleier vor der Welt fortzieht.

D I G H A N I K A Y A 14.1.31

Pilatus fragte ihn: »Du sagst also, du seist ein König?« Jesus antwortete: »Du sagst es, ich bin ein König. Ich bin dazu geboren und dazu in die Welt gekommen, dass ich die Wahrheit bezeuge. Jeder, der aus der Wahrheit ist, hört auf meine Stimme.«

JOHANNES 18,37

Ich bin ein höchster König. Lasst also eure Zweifel über mich fahren. Ich bin unvergleichlich heilig. Ich erfreue mich frei von Angst.

MAJJHIMANIKAYA 92. REDE, 17 U.19

LEBENS-
GESCHICHTEN

Besonders hinsichtlich der Geburtsgeschichten ähneln sich die Leben Jesu und Buddhas. Beide wurden von Jungfrauen in strahlendem himmlischem Licht geboren. Eine buddhistische Legende erzählt sogar, dass das Neugeborene in Windeln gewickelt war. Indische Weise zollen dem Buddha Ehrerbietung, und Weise künden das Kommen Jesu an. Eine starke Parallele zwischen den Asketen Asita und Simeon, dem frommen Juden, der Jesus als den Christus erkannte, fällt auf: Beide sind alte Männer, die die Eltern darüber informieren, dass ihr Baby göttlicher Herkunft sei und die dann klagen, dass sie selbst nun bald sterben werden.

Während die Geburt und dann erst wieder das Erwachsenenalter von Jesus und Buddha in Einzelheiten beschrieben sind, wird nur eine einzige Geschichte über die Kindheit beider überliefert, in welcher sie als geistige Wunderkinder erscheinen. Selbst im Tode scheinen sie einem spiegelbildlichen Schicksal zu folgen, da das Hinscheiden beider von furchtbarem Donner und schweren Erdbeben gekennzeichnet ist.

Seine Mutter Maria war mit Josef verlobt. Noch bevor sie zusammengekommen waren, zeigte sich, dass sie ein Kind erwartete durch das Wirken des Heiligen Geistes. Dies geschah, damit sich erfüllte, was der Herr durch den Propheten gesprochen hatte: »Seht, die Jungfrau wird einen Sohn empfangen.«

MATTHÄUS 1,18 U.22-23

Als der Bodhisattva in den Leib seiner Mutter herabgestiegen war, traten keine sinnlichen Gedanken in Bezug auf Männer mehr bei ihr auf, und sie war für alle lüsternen Männer unerreichbar.

MAJJHIMANIKAYA 123. REDE, 10

Nachdem Jesus in der Zeit des Königs Herodes in Bethlehem in Judäa geboren worden war, kamen weise Männer aus dem Osten nach Jerusalem und fragten: »Wo ist der neugeborene König der Juden? Wir haben nämlich seinen Stern aufgehen sehen und sind gekommen, um ihn zu verehren.«

MATTHÄUS 2,1-2

Aus welchem Grunde sind diese Zeichen offenbart worden? Ist das ein Gott mit großem Verdienst, der da geboren worden ist? Oder ist ein Buddha in die Welt gekommen? Niemals zuvor haben wir solche Zeichen gesehen! Wir müssen sie zusammen suchen, tausende Länder durchqueren, das Leuchten suchen und gemeinsam forschen.

SADHARMAPUNDARIKA SUTRA 7

In jener Gegend waren Hirten auf dem Felde, die wachten des Nachts über ihre Schafe. Da trat ein Engel des Herrn vor sie, und die Herrlichkeit des Herrn leuchtete um sie, und sie erschraken. Der Engel aber sprach zu ihnen: »Fürchtet euch nicht! Denn seht: Ich verkünde euch große Freude für alle Menschen.«

LUKAS 2,8-10

Sie nahmen den Einsiedler und zeigten ihm den neugeborenen Prinzen. Er leuchtete, glänzte und war schön. Es war, als blickte man auf geschmolzenes Gold in den Händen eines Handwerksmeisters, wenn er es aus dem Ofen nimmt. Den Prinzen zu sehen bedeutete, Helligkeit zu sehen - eine Helligkeit von Feuerflammen, die Helligkeit von Gestirnen, die über den Nachthimmel ziehen, die Helligkeit und Klarheit der Herbstsonne an einem wolkenlosen Tag. Der Anblick erfüllte den Einsiedler mit großer Freude. Im Himmel oben hielten unsichtbare Wesen einen riesigen Baldachin. Von seiner Mitte aus erstreckten sich über tausend Speichen. Andere Götter wedelten Fächer mit goldenen Stielen.

SUTTANIPATA 686-688

In Jerusalem lebte damals ein Mann namens Simeon, der rechtschaffen und fromm war und auf die Errettung Israels wartete; und der Heilige Geist ruhte auf ihm. Der Heilige Geist hatte ihm offenbart, dass er den Tod nicht sehen würde, bevor er den Messias des Herrn gesehen habe. Simeon wurde vom Geist in den Tempel geführt; und als die Eltern das Kind Jesus brachten, wie das Gesetz es verlangte, nahm Simeon das Kind in seine Arme und pries Gott.

LUKAS 2,25-28

Der langhaarige Weise schaute das Baby an und wurde von großer Freude ergriffen. Nun befand sich der Buddha in den Armen eines Mannes, der auf ihn gewartet hatte, eines Mannes, der alle Zeichen seines Leibes erkennen konnte, eines Mannes, der nun von Freude erfüllt seine Stimme erhob und sprach: »Mit nichts ist dies vergleichbar: Das ist der endgültige, der vollkommene Mensch!« Dann erinnerte der Einsiedler sich daran, dass er nun bald sterben würde - und darüber war er betrübt und begann zu weinen.

SUTTANIPATA 689-691

Das Kind wuchs und wurde stark und erfüllt von Weisheit, und Gottes Gnade ruhte auf ihm.

L U K A S 2,40

Der Prinz wird kommen, um die vollkommene Erleuchtung zu erfüllen. Das religiöse Leben wird dann voll ausgeschöpft werden.

SUTTANIPATA 693

Als sie ihn nicht fanden, kehrten sie nach Jerusalem zurück, um ihn zu suchen. Nach drei Tagen fanden sie ihn im Tempel unter den Lehrern sitzend. Er hörte ihnen zu und stellte Fragen. Und alle, die ihn hörten, waren erstaunt über sein Verständnis und seine Antworten.

LUKAS 2,45-47

Der König hatte währenddessen bemerkt, dass der Bodhisattva fehlte. Er erkundigte sich wegen seiner Abwesenheit und fragte: »Wohin ist der junge Prinz gegangen? Ich sehe ihn nirgends.« Also zerstreute sich eine große Menschenmenge in alle Richtungen und suchte nach dem Prinzen. Kurz darauf erblickte einer der Berater des Königs den Bodhisattva im Schatten eines Jambu-Baumes, wo er mit gekreuzten Beinen in Meditation versunken saß.

LALITAVISTARA SUTRA 11

Am Morgen, als es noch dunkel war, stand er auf und ging zu einem einsamen Ort, um zu beten.

MARKUS 1,35

Dann saß der Herr im Lotussitz sieben Tage
lang am Fuße des Baumes des Erwachens und
erlebte die Seligkeit der Freiheit.

VINAYA, MAHAVAGGA I.I.I

Angst ergriff sie alle, und sie priesen Gott und sagten: »Ein großer Prophet ist unter uns aufgetreten! Gott hat sich seines Volkes angenommen!« Und die Nachricht davon verbreitete sich überall in Judäa und in der Umgebung. Die Jünger des Johannes berichteten ihm dies alles. Johannes rief also zwei seiner Jünger und sandte sie zum Herrn und ließ ihn fragen: »Bist du der, der da kommen soll, oder müssen wir auf einen anderen warten?«

LUKAS 7,16-19

Pokkharasati sagte zu Ambattha: »Gautama hält sich im dichten Dschungel auf. Und eine gute Nachricht hat sich über den Gesegneten Herrn überall verbreitet: 'Der Gesegnete Herr ist ein voll erleuchteter Buddha.' Geh jetzt, um den Asketen Gautama zu sehen und herauszufinden, ob dieser Bericht richtig ist oder nicht und ob der Herr Gautama so ist, wie sie sagen, oder nicht.«

DIGHANIKAYA 3.1.4

Jesus kam nach Galiläa und verkündete Gottes gute Nachricht und sprach: »Die Zeit hat sich erfüllt, und das Reich Gottes ist nahe. Kehrt um und glaubt an die gute Botschaft.«

MARKUS 1,14-15

Ich gehe in die Stadt, um das Rad des Dharma zu drehen. In einer blind gewordenen Welt schlage ich die Trommel der Unsterblichkeit. ... Glückselig ist das Auftreten eines Erleuchteten, glückselig die Lehre der Wahrheit.

VINAYA, MAHAVAGGA 1.6.8

Da schrie Jesus noch einmal mit lauter Stimme, gab den Geist auf und starb. In diesem Augenblick riss der Vorgang des Tempels von oben bis unten entzwei. Die Erde bebte, und Felsen barsten.

MATTHÄUS 27,50-51

Beim letzten Hingang des Gesegneten Herrn
gab es ein schweres Erdbeben, furchtbar und
haarsträubend und begleitet von Donner.

D I G H A N I K A Y A 16.6.10

LITERATURHINWEISE

I. Englisch-sprachige Literatur

Christliche Quellen

Holy Bible: New Revised Standard Version with Apocrypha. New York 1989

Buddhistische Quellen

In den folgenden Zitaten bezieht sich die erste Seitenangabe auf unser Buch *Jesus und Buddha*, die nächste Zahl auf Kapitel und Vers der zitierten Schrift, und die letzte Seitenangabe auf die zitierte Ausgabe.

Anguttara Nikaya
Woodward, F.L., Übers., The Book of the Gradual Sayings (Anguttara-Nikaya) or More Numbered Suttas: Volume I (Ones, Twos, Threes). Pali Text Society Translation Series, Nr. 2. London 1951.
S. 117, 1.19, S. 33, (in dt. Ausgabe 1.29) / S. 127, 3.91, S. 219 / S. 149, 3.60, S. 153 / S. 153, 3.60, S. 153

Hare, E.M., Übers., The Book of the Gradual Sayings (Anguttara-Nikaya) or More Numbered Suttas: Volume III (The Book of Fives and Sixes). Pali Text Society Translation Series, Nr. 5. London 1952.
S. 159, 5.79, S. 84-85 / S. 155, 6.24, S. 222

Hare, E.M., Übers., The Book of the Gradual Sayings (Anguttara-Nikaya) or More Numbered Suttas: Vo lume IV (The Book of Sevens, Eights and Nines). Pali Text Society Translation Series, Nr. 6. London 1955. S. 135, 7.62, S. 67 / S. 189, 7.68, S. 90

Dhammapada
Cleary, Thomas, Übers., Dhammapada: The Sayings of Buddha. New York 1994.
S. 15, 10.1, S. 46 / S. 19, 1.5 u. 17.3, S. 8 u. 77 / S. 35, 9.7, S. 44 / S. 39, 4.7, S. 21 / S. 43, 7.3-4, S. 35 / S. 57, 15.4, S. 70 / S. 61, 5.16, S. 28 / S. 63, 13.11, S. 61 / S. 75, 26.12, S. 127 / S. 77, 1.13-14, S. 10 / S. 89, 24.9, S. 109 / S. 113, 13.2, S. 58 / S. 123, 21.1, S. 95 / S. 231, 14.16, S. 68

Radakrishnan, S., Übers., The Dhammapada: With Introduction Essays, Pali Text, English Translation and Notes. London 1966.
S. 81, 7.2, S. 89

Digha Nikaya
Walshe, Maurice, Übers., Thus Have I Heard: The Long Discourses of the Buddha. London 1987.
S. 23, 1.1.8, S. 68 / S. 115, 19.43, S. 307 / S. 119, 12.78, S. 185 / S. 137, 16.3.7, S. 246-47 / S. 141, 26.25, S. 403-04 / S. 143, 16.6.1, S. 269-70 / S. 167, 16.4.37, S. 260 / S. 173, 13.15, S. 189 / S. 195, 14.1.17, S. 203 / S. 197, 13.38, S. 193 / S. 203,

14.1.32, S. 205–06 / S. 205, 16.3.3, S. 246 / S. 209,
14.1.31, S. 205 / S. 229, 3.1.4, S. 112 / S. 233,
16.6.10, S. 271

Itivuttaka
Woodward, F.L., Übers., The Minor Anthologies of
the Pali Canon, Part II – Udana: Verses of Uplift, and
Itivuttaka: As It Was Said. London 1948.
S. 121, 4.1, S. 188–89 / S. 187, 4.1, S. 188 / S. 199,
1.1.6, S. 117 / S. 201, 3.5.3, S. 181

Jatakamala
Peter Khoroche, Übers., Once the Buddha Was a
Monkey: Arya Sura's Jatakamala. Chicago 1989.
S. 59, 5.5 u.15, S. 26 u.28 / S. 65, 3.23, S. 21

Khuddakapatha
Edmunds, Albert J., Buddhist and Christian Gospels:
Now First Compared from the Originals: Being
»Gospel Parallels from Pali Texts«, mit Zusätzen neu
aufgelegt. Hrsg. Masaharu Anesaki, 4. Ausgabe. 2
Bde., Philadelphia 1914.
S. 69, 8.9, S. 222

Nyanamoli, Bhikku, Übers., The Minor Readings
(Khuddakapatha). Pali Text Society Translation Se-
ries, No. 32, London 1960.
S. 31, 2, S. 1–2

Lalitavistara Sutra
Gwendolyn Bays, Übers., The Lalitavistara Sutra: The
Voice of the Buddha: The Beauty of Compassion.
Berkeley 1983.
S. 103, 18, S. 399 / S. 163, 7, S. 33 / S. 225, 11. S. 203

Majjhima Nikaya
Nyanamoli, Bhikku und Bhikku Bodhi, Übers., The
Middle Length Discourses of the Buddha: A New
Translation of the Majjhima Nikaya. Boston 1995.
S. 17, 21.6, S. 218 / S. 79, 72.15, S. 592 / S. 83, 6.8, S.
115 / S. 95, 26.26, S. 264 / S. 105, 36.27, S. 339 / S.
107, 19.25-26, S. 209-10 / S. 109, 86.5 6 u.18, S.
711-12 u. 715 / S. 125, 12.21, S. 167 / S. 129, 22.47,
S. 236 / S. 131, 130.2, S. 1029 / S. 145, 135.9, S.
1054-55 / S. 179, 111.22-23, S. 902 / S. 183, 143-15,
S. 1112 / S. 211, 92.17 u.19, S. 759 u. 60 / S. 215,
123.10, S. 981

Sadharmapundarika Sutra
Leon Hurvitz, Übers., Scripture of the Lotus Blossom
of the Fine Dharma. New York 1976.
S. 45, 5, S. 102-03 u.110 / S. 217, 7, S. 137

Samyutta Nikaya
Rhys Davids, C.A.F., unterstützt von Suriyagoda
Sumangala Thera, Übers., The Book of the Kindred
Sayings (Samyutta-Nikaya) or Grouped Suttas: Part I
(Kindred Sayings with Verses). Pali Text Society
Translation Series, Nr. 7. London 1950.
S. 101, 4.2.10, S. 146

Woodward, F.L., Übers., The Book of the Kindred
Sayings (Samyutta-Nikaya) or Grouped Suttas: Part
III. Hrsg. C.A.F. Rhys Davids. Pali Text Society
Translations Series, Nr. 13. London 1954.
S. 207, 22.94, S. 118

Woodward, F.L., Übers., The Book of the Kindred
Sayings (Samyutta-Nikaya) or Grouped Suttas: Part

V. (Maha-Vagga). Pali Text Society Translations Series, Nr. 16. London 1956.
S. 159, 46.14, S. 66-67

Sutta Nipata
Saddhatissa, H., Übers., The Sutta-Nipata. London 1985.
S. 25, 149-50, S. 16 / S. 49, 242, S. 27 / S. 53, 955, S. 111 / S. 191, 396, S. 44 / S. 219, 686-88, S. 80 / S. 221, 689-91, S. 80 / S. 223, 693, S. 80

Udana
Woodward, F.L., Übers., The Minor Anthologies of the Pali Canon, Part II - Udana: Verses of Uplift, and Itivuttaka: As It Was Said. London 1948.
S. 157, 8.9, S. 113

Udanavarga
Raghavan Iyer, Hrsg., The Dhammapada with the Udanavarga. Santa Barbara, CA, 1986.
S. 37, 27.1, S. 325 / S. 41, 22.4, S. 304 / S. 47, 9.8, S. 263 / S. 71, 1.20-22, S. 235-36 / S. 87, 33.13, S. 377 / S. 91, 25.1, S. 315 / S. 175, 33.52, S. 383

Vimalakirtinirdesha Sutra
Robert A.F.Thurman, Übers., The Holy Teachings of Vimalakirti: A Mahayana Scripture. University Park, PA, 1976.
S. 27, 2, S. 22-23 / S. 29, 5, S. 43 / S. 51, 2, S. 20 / S. 97, 2, S. 21 / S. 161, 8, S. 70

Vinaya, Cullavagga
Horner, I.B., Übers., The Book of the Discipline (Vinaya-Pitaka): Volume V (Cullavagga). London 1952.

S. 85, 7.3.16, S. 278 / S. 165, 5.6, S. 148 / S. 169, 5.8.2, S. 152 / S. 185, 9.1.4, S. 334

Vinaya, Mahavagga
Horner, I.B., Übers., The Book of the Discipline (Vinaya-Pitaka): Volume IV (Mahavagga). London 1951.
S. 21, 8.26.3, S. 432 / S. 67, 1.11.1, S. 28 / S. 99, 6.30.1-2, S. 315-16 / S. 151, 1.20.16, S. 42 / S. 177, 1.11.1, S. 28 / S. 181, 1.11.1, S. 28 / S. 227, 1.1.1, S. 1 / S. 231, 1.6.8, S. 12

Andere Quellen

Bruns, J.Edgar - The Christian Buddhism of St. John. Vorwort von Gregory Baum. New York 1971
Bruteau, Beatrice - What We Can Learn from the East. New York 1995
Dalai Lama - The Good Heart: A Buddhist Perspective on the Teachings of Jesus. Einleitung von Laurence Freeman. Übers. und ergänzt von Geshe Thupten Jinpa, Hrsg. und Vorwort Robert Kiely. Boston 1996
Drummond, Richard Henry - A Broader Vision: Perspectives on the Buddha and the Christ. Virginia Beach 1995
Dunne, Carrin - Buddha and Jesus: Conversations. Springfield, Ill. 1975
Edmunds, Albert J. - Buddhist and Christian Gospels, 4. Ausg., 2 Vol., Hrsg. Masharu Anesaki, Philadelphia 1914
Hanh, Thich Nhat - Living Buddha, Living Christ. Einl. Elaine Pagels, Vorw. D. Steindl-Rast, New York 1995

Lefebure, Leo D. - The Buddha and the Christ: Explorations in Buddhist and Christian Dialogue. Faith Meets Faith Series. Maryknoll, NY, 1993

Leong, Kenneth S. - The Zen Teachings of Jesus. New York 1995

Streeter, Burnett Hillman - The Buddha and the Christ: An Exploration of the Meaning of the Universe and of the Purpose of Human Life. The Bampton Lectures for 1932. London 1932

Wakefield, Donam Hahn - Journey into the Void: Meeting of Buddhist and Christian, Huntington, Indiana 1971

Die amerikanische Übersetzung fasst die buddhistischen Originalquellen zum Teil zusammen (ohne jedoch den Sinnzusammenhang zu entstellen) und lässt durchgehend die Anrede an die jeweiligen Zuhörer Buddhas weg. Die für den Stil der buddhistischen Quellen typische Redundanz ist durchgehend gestrichen worden. Diesen Eingriffen in den Text folgt auch die deutsche Übersetzung.

II. Deutschsprachige Literatur

Für die deutsche Übersetzung wurden zu Rate gezogen (jedoch nicht wörtlich übernommen):

Christliche Quellen

Die heilige Schrift. Einheitsübersetzung, Stuttgart 1981

Das Neue Testament und die Psalmen. Zürcher Bibel, Zürich 1958

Nestle-Aland, Novum Testamentum Graece, Stuttgart 1898 und 1927

Buddhistische Quellen

Bhikku Nanatiloka - Die Reden des Buddha aus der »Angereihten Sammlung« (*Anguttara-Nikayo*) des Pali-Kanons; in: Heilige Schriften der Buddhisten, dt. Hrsg. Karl Seidenstücker
Das Einer-Buch (1. Band), Leipzig o.J.
Das Zweier-Buch (2. Band), Breslau 1911
Das Dreier-Buch (3. Band), Leipzig 1914
Das Fünfer-Buch, Leipzig o.J.
Das Sechser- bis Siebenerbuch, München 1922
(Zum Teil folgt die englische und deutsche Übersetzung anderer Zählungen, weshalb viele Stellen nicht vergleichbar waren.)

Dhamma-Worte. *Dhammapada* des südbuddhistischen Kanons. Dt. von R.Otto Franke, Jena 1923
Der Wahrheitpfad. *Dhammapadam*. Ein buddhistisches Denkmal, aus dem Pali von Karl Eugen Neumann, München 1921

Dighanikaya. Das Buch der langen Texte des buddhistischen Kanons, in Auswahl übers. von R.Otto Franke, Göttingen 1913

Karl Eugen Neumann - Die Reden Gotamo Buddhos. Aus der Sammlung *Majjhimanikayo* des Pali-Kanon übersetzt. München 1922.

(Zum Teil folgen die englische und die deutsche Übersetzung anderen Zählungen, weshalb viele Stellen nicht vergleichbar waren.)

Sutta-Nipata. Früh-buddhistische Lehr-Dichtungen aus dem Pali-Kanon, Übers. u. Einlt. Nyanaponika, Konstanz 1977
Die Reden Gotamo Buddhos aus der Sammlung der Bruchstücke, *Suttanipato*, des Pali-Kanons, Übers. Karl Eugen Neumann, München 1924

Es gibt außerdem zahllose Übersetzungen von Textausschnitten buddhistischer Lehren und Zitatensammlungen, die nach Themen geordnet sind. Für weitere Textvergleiche kann man zu Rate ziehen:
Hans Ludwig Held - *Deutsche Bibliographie des Buddhismus,* München Leipzig 1916 (durchaus noch sinnvoll zu benutzen, da viele der Standard-Übertragungen buddhistischer Texte so alt sind).

Und eine moderne *Kommentierte Bibliografie zum Buddhismus* findet sich im Internet unter der Adresse des Instituts für Klassische Indologie der Universität Heidelberg, gestaltet von Prof. Dr. Axel Michaels: <http://www.sai.uni-heidelberg.de/IND/bib-buddh.htm#Text>